Ronja Serena Spießer

UND IN FÜNF JAHREN HABE ICH RECHT

Was man wissen muss, bevor man Jura studiert

Ronja Serena Spießer

UND IN FÜNF JAHREN HABE ICH RECHT

Was man wissen muss,
bevor man **Jura** studiert

Eden
BOOKS

INHALTSVERZEICHNIS

DANK GEHT AN

Moritz, der mir mit Herz und Rat jederzeit zur Seite stand,

meine Eltern, deren liebevolle Unterstützung grenzenlos ist,

an meine Uni für die schöne Studienzeit und an meine Kommilitonen, ohne die die Studienzeit nicht so schön hätte sein können.

1
EINLEITUNG

HAB IMMER EIN GESETZ DABEI UND KEINE PANIK!

Jura interessiert Dich? Gut, aber wenn Du frischgebackener Abiturient[1] sein solltest, bezweifle ich, dass Du weißt, was mit dem Studium der Rechtswissenschaften auf Dich zukommt. Vielleicht hast Du Dich ja auch schon anderweitig informiert, in Broschüren geblättert? Nicht schlecht. Aber hier erfährst Du die Wahrheit über das Studienfach. Ich will Dich auf den kommenden Seiten auf das Studium der Rechtswissenschaften vorbereiten und Dir Einblicke gewähren, die sonst keiner bekommt, der das Fach nicht selbst studiert hat.

Manchmal habe ich mir gedacht: »Mann, wenn ich das vorher gewusst hätte, …!« Hab ich aber nicht. Dir kann ich es jetzt sagen, dann kannst Du vielleicht ein paar Fettnäpfchen und Studentenfallen umgehen. Alle verrate ich Dir aber nicht, wo bleibt denn sonst der Spaß für Dich? Dieser Studienführer erhebt keinen Anspruch auf Vollständigkeit. An einigen Stellen bin ich womöglich nicht ganz politisch korrekt. Sarkasmus ist bei Juristen der Renner!

Aber abgesehen von dem Spaß, uns Juristen ein wenig durch den Kakao zu ziehen, will ich Dir Tipps geben zum Fach selbst, zur Uni, zur Finanzierung des Studiums, zu Praktika und Nebenjobs und wie Du Dich auf dem Wohnungsmarkt zurechtfindest und Dir die ersten Schritte im Studentenleben erleichtern. Du erfährst

---

1 Aus Gründen der besseren Lesbarkeit wird auf die zusätzliche Nennung der weiblichen Form verzichtet. Es sind aber stets beide Geschlechter gemeint.

hier, was das Studium der Rechtswissenschaften überhaupt umfasst und was Du dafür mitbringen musst. Ebenso soll Dir ein kleiner Ausblick darauf gegeben werden, welche Kommilitonen und Kollegen Dich erwarten und wie das Studentenleben sich gestalten wird.

Eines ist klar, so platt es auch klingt: ohne Fleiß kein Preis. Wer ein Jurastudium beginnt, der sollte wissen, dass er viel zu lernen hat. Stumpfes Auswendiglernen gehört genauso dazu wie das Verstehen und Anwenden des Gelernten. Aber das ist schließlich in den meisten Studiengängen so – also nur Mut! Gerade der Anfang an der Uni kann für Abiturienten schwierig sein: Das geregelte Schulleben weicht einem absolut frei zu gestaltenden Studentenleben. Es verlangt Selbstdisziplin, in einem Studium erfolgreich zu sein, vor allem, da beim Jurastudium selten Anwesenheitspflicht besteht. Spaß machen soll es schließlich auch und wahrscheinlich wirst Du nie wieder so flexibel in Deinem Leben sein wie während des Studiums – wenn Du es richtig anstellst. Du kannst diesen Ratgeber sofort von vorne bis hinten durchlesen, Du kannst ihn aber ebenso gut stellenweise lesen und dabei immer nur die Kapitel durchgehen, die in Deiner Situation für Dich wichtig sind.

Solltest Du schon etwas weiter im Studium fortgeschritten sein oder gar das erste Examen bereits hinter Dich gebracht haben, mach Dir die Tipps zu Weiterbildungen und Referendariat zunutze und schwelge mit mir in Erinnerungen an unsere Anfänge als frische »Erstis« an der Uni. Vielleicht erkennst Du Dich ja wieder.

Wie auch immer Du dazu gekommen bist, diesen Studienführer aufzuschlagen, er soll Dir mit Insiderwissen, Ehrlichkeit und Tipps helfen, für Dich richtige Entscheidungen zu treffen. Das hier ist keine Werbung für Jura! Ich selbst habe das Fach studiert und kenne damit die Vor-, aber auch die Nachteile, die es bietet, und möchte ein bisschen aus dem Nähkästchen plaudern.

Deshalb richtet sich dieser Studienführer einerseits an diejenigen, die noch nicht entschieden haben, ob sie Jura wirklich studieren wollen. Er soll aber auch jenen, die »das schon immer machen wollten« einen kleinen Einblick geben, ob das Studium tatsächlich das ist, was sie sich darunter vorstellen. Für bereits eingeschriebene Jurastudenten sei dieses Buch ein Wegweiser auf dem weiteren Pfad durch das Studium bis in den ersten Job.

2
DAS STUDIENFACH RECHTSWISSENSCHAFTEN

Ich will Dich Schritt für Schritt an das Studium heranführen. Darum beginnen wir ganz am Anfang: Mit der Motivation überhaupt das eine und nicht das andere zu studieren. Erkennst Du Dich in diesem Kapitel wieder, so steht Deinem juristischen Glück nichts mehr im Weg und Du kannst Dich in die vertiefte Lektüre dieses Buchs stürzen und anfangen, Dein Studium zu planen.

VORAB: DIE RICHTIGE EINSTELLUNG

Um mit dem bekanntesten und meist bemühten Klischee über Jura gleich von vornherein aufzuräumen: Jura ist nicht trocken. Es kann sogar sehr lebendig sein, es kommt wie oft im Leben darauf an, was Du selbst daraus machst. Es ist sicherlich Typsache, ob Dir das Studienfach liegt, trotzdem wird Dir die richtige Einstellung Deine Arbeit erleichtern, das garantiere ich Dir!

! **Dazu ein Tipp:** Vergiss die Statistiken! Schau Dir nicht die Abbruchquoten an und kümmere Dich nicht um Leute, die behaupten, Du müsstest im Abitur einen Einser-Schnitt gehabt haben. Das ist Blödsinn. Wenn Du allerdings einen Dreier-Durchschnitt im Abitur hattest, weil Du immer zu faul warst, Deine Hausaufgaben zu machen, dann solltest Du Deine

Einstellung jetzt ändern oder etwas anderes studieren. Mit durchschnittlicher Intelligenz, aber einer guten Portion Fleiß – und zwar ab dem ersten Semester – ist das Studium samt Examen für jeden zu schaffen.[2]

DEINE MOTIVATION, JURA ZU STUDIEREN

Nicht jeder studiert Jura, weil es schon immer sein Traum war, Anwalt zu werden. Ich behaupte sogar, die meisten Juristen sind in dieses Fach irgendwie hineingestolpert. In meiner ersten Vorlesung, der Einführungsveranstaltung, saß ich neben einem Typen, der etwa Anfang zwanzig war und mir fröhlich erklärte, er sitze hier nur, um irgendwo eingeschrieben zu sein. Seine Eltern bräuchten nämlich eine Studienbescheinigung, damit sie weiterhin Kindergeld für ihn bekämen. Eigentlich warte er noch auf den Platz für Medizin im Nachrückverfahren. Heute hat dieser Jemand sein erstes juristisches Examen mit Prädikat in der Tasche, bereitet sich auf das zweite Examen vor und will Richter werden. Eine schöne Erfolgsstory, oder?

Das Mädchen neben ihm hingegen erzählte eifrig, wie sehr sie schon immer Anwältin werden wollte und dass sie ein Jahr auf diesen Studienplatz gewartet habe. Nach zwei Semestern brach sie das Studium jedoch ab und wurde Erzieherin. Eine weitere Erfolgsstory, die aber in einen anderen Studienführer gehört.

Aus welchen Gründen Du Jura studierst, sagt also nicht viel darüber aus, wie erfolgreich Du im Studium schließlich sein wirst.

2 Laut HIS lag die Abbruchquote 2010 bei etwa 26 Prozent. Quelle: www.his.de/pdf/pub_fh/fh-201203.pdf (abgerufen 30. Mai 2013)

DIE VIER MOTIVE FÜR EIN JURASTUDIUM

Die Studienanfänger der Rechtswissenschaften lassen sich nach ihrer Motivation für den Beginn des Studiums in vier Gruppen aufteilen:

Gruppe eins: »Ich wollte das schon immer studieren.«

Du maltest Dir schon seit Deinen Kindertagen aus, wie Du hocherhoben über den Köpfen der anderen sitzt, den Hammer schwingst und »Schuldig!« rufst. Bist Du vielleicht das letzte vieler Geschwister und hattest immer das Gefühl, Dir hört keiner zu?

Zu dieser Gruppe zählen aber auch diejenigen, die bereits seit der Pubertät amerikanische Anwaltsserien lieben. *Boston Legal*, *Suits* oder *The Good Wife* – unzählig sind die Serien, in denen dem Zuschauer vermittelt wird, dass Anwälte schicke Siegertypen ohne Skrupel oder Ängste sind.

DIE WAHRHEIT: Es gibt keinen Hammer in deutschen Gerichtssälen. Wenn Deine Motivation von amerikanischen Serien herrührt, wird Dich das deutsche Recht möglicherweise enttäuschen. Weniger Tom Cruise in *Eine Frage der Ehre*, mehr *Lenzen und Partner*. Aber wenn Du tatsächlich schon immer Anwalt werden wolltest, dann lies hier weiter und finde heraus, ob Du Dich auch für das deutsche Rechtswesen begeistern könntest.

Gruppe zwei: »Meine Eltern sind Juristen. Liegt ja nahe, dass ich das auch mache.«

Als Gutenachtgeschichte wurde Dir *Hänsel und Gretel* vorgelesen. Im Anschluss haben Deine Eltern – begeisterte Juristen – Dir erklärt, dass das, was die Kinder da machen, Sachbeschädigung des Hexenhauses und Diebstahl von Lebkuchen ist. Letztendlich auch noch Totschlag, weil sie die Hexe verbrannt haben. Allerdings kommt Notwehr ins Spiel, schließlich hat die Hexe die Kinder essen wollen. Jura wurde Dir quasi in die Wiege gelegt. Und wenn man ganz ehrlich ist, denkt doch jeder darüber nach, das zu machen, was die Eltern gemacht haben. Es liegt nahe, dass es das Richtige für mich ist, wenn es das Richtige für die Menschen war, die mich aufgezogen haben, oder?

DIE WAHRHEIT: Du bist nicht Deine Eltern. Wenn Du sie im Beruf beobachtet hast und bewunderst, wie ihre Arbeit aussieht, prima! Dann ist ihr Job auch ein guter Job für Dich. Aber wenn Du annimmst, sie nur glücklich zu machen, indem Du das studierst, was sie studiert haben, dann frage lieber noch einmal nach. Vielleicht würden sie es ja heute anders machen. Die Lust auf Jura sollte von Dir kommen.

Gruppe drei: »Ich warte noch auf einen Platz in meinem Wunschstudiengang.«

Hauptsache studieren! Du genießt schon mal das Uniflair und schaust Dir Jura oberflächlich ein wenig an, bevor Du endlich Architektur, Mediendesign oder Kunst studieren wirst. Irgendwann wirst Du schon einen besseren Studienplatz bekommen, bis dahin hast Du wenigstens den Studentenstatus, hast Du Dir gedacht. Jetzt hast Du Dein Semesterticket und Deine Eltern sind auch beruhigt, dass Du »etwas Sinnvolles« machst.

DIE WAHRHEIT: Vorsicht! Wenn Du absolut ausschließen kannst, dass Jura für Dich interessant ist, dann lass das Studium bleiben. Die Semester, die Du an einer Universität eingeschrieben bist, zählen nicht als Wartesemester, um schneller in einen anderen Studiengang reinzurutschen. Auch finanzielle Unterstützungen wie etwa BAföG werden nicht mehr gewährt, wenn man zu oft den Studiengang wechselt. Andererseits, kannst Du auch einem Sinneswandel unterliegen (sofern Du Jura nicht absolut ablehnst) und merken, dass es spannend ist. Vielleicht entdeckst Du in den ersten Klausuren auch Dein Händchen für die Materie.

Gruppe vier: »Ich wusste nicht, was ich sonst studieren soll.«

Ein wenig planlos hast Du in Studienführern geblättert, Deine Freunde gefragt, was sie denn eigentlich nach dem Abitur machen wollen und dann versucht, einen Studiengang zu finden, mit dem man sich nicht unbedingt auf einen einzigen Beruf festlegen muss. »Mit Jura kann man doch so vieles machen«, haben Dir sicher einige Bekannte gesagt und Dich in Deinem Vorsatz bestärkt, Jura zu studieren. Was das alles sein kann, wirst Du ja sicherlich noch herausfinden. Irgendwann. Das Studium ist schließlich lang.

DIE WAHRHEIT: Wahrscheinlich geht es jedem zweiten Jurastudenten so wie Dir. Die wenigsten träumen seit ihrer Kindheit vom Anwaltsberuf. Und der muss auch nicht zwangsweise das

Ziel Deiner Ausbildungszeit sein. Mit Jura kann man wirklich viele verschiedene Dinge machen, welche, erfährst Du in Kapitel 15 *Die Zukunftsperspektive – Examen in der Tasche und jetzt?*

Hast Du Dich in einer dieser vier Gruppen wiedererkannt? In dem Hörsaal, in dem Deine Einführungsveranstaltung stattfinden wird, werden Vertreter aller vier Gruppen sitzen. Die Erfolgschancen stehen bei allen gleich gut. Wenn Du aber schließlich dort sitzt, wirst Du einen Vorteil haben, wenn Du wenigstens schon eine Ahnung hast, was Dich erwartet. Jura – was ist das eigentlich?

2.1 WAS IST JURA?

RECHTSWISSENSCHAFTEN lautet der eigentliche Name des Studiums – »Jura« ist zwar umgangssprachlich, aber der gängige Begriff für das Studium. Er stammt ursprünglich aus dem Lateinischen »ius«, was »Recht« bedeutet, die Mehrzahl heißt »iura«.

Der Plural passt gut, denn es gibt nicht nur ein Recht, es gibt viele. Ich will Dir gleich die drei großen Gebiete vorstellen, mit denen Du es ab dem Studienbeginn zu tun hast: **DAS PRIVATRECHT, DAS ÖFFENTLICHE RECHT UND DAS STRAFRECHT.**

Was diese drei Teilgebiete beinhalten, wird in Kapitel 7 *Die Studienfächer im Einzelnen* ausführlich dargestellt. Jetzt sei Dir aber schon gesagt: Sie decken jede nur denkbar rechtliche Beziehung in Deutschland ab. **ZWISCHEN STAAT, MENSCHEN UND SACHEN BLEIBT DANK JURA NICHTS UNGEKLÄRT.**

Die Uni Göttingen fasst es so zusammen: »Die Rechtswissenschaft befasst sich mit der Erkenntnis des geltenden Rechts und den geschichtlichen, sozialen, wirtschaftlichen, politischen und rechtsphilosophischen Grundlagen der Rechtsordnung. Im rechtswissenschaftlichen Studium werden die wissenschaftlichen Methoden und Kenntnisse vermittelt, die zur Anwendung des Rechts befähigen. Diese orientieren sich an den Grundsätzen der Rechtssicherheit, Gerechtigkeit und Wahrheit.«[3]

ERST DIE WISSENSCHAFT, DANN DIE PRAXIS

Und warum ist »Rechtswissenschaften« der korrekte Begriff? Weil Dein gesamtes Studium bis zum ersten Staatsexamen absolut wissenschaftlicher Natur ist. Das Studium besteht zum großen Teil aus Theorien von Altmeistern der Rechtswissenschaft. Diese Theorien musst Du schließlich auswendig lernen und ihre Argumente wirst Du in den Klausuren wiedergeben müssen.

Die Praxis erwartet Dich erst nach dem ersten Examen. In der Zeit des Referendariats lernst Du wie Juristen arbeiten, als Anwälte oder Richter oder in der Verwaltung. Welche Anträge wie und wann gestellt werden, wie ein Gerichtsverfahren abläuft, wie Du ein Urteil schreibst und so weiter. Im echten Leben eines Juristen sind die Theorien weniger relevant. Um möglichst früh zu sehen, ob Dir der Beruf eines Juristen Spaß macht, sind Praktika schon im Grundstudium sehr empfehlenswert. Wann, wie und wo genau, erfährst Du in Kapitel 8 *Das Grund- und das Hauptstudium.*

3 Quelle: www.uni-goettingen.de/de/6458.html (abgerufen 30. Mai 2013)

DU ALS PROBLEMLÖSER

Es geht bei Jura immer um Akteure, wie Du und ich es sind, die gegenüber ihren Mitmenschen oder dem Staat Rechte und Pflichten haben. Dass diese Rechte und Pflichten bestehen, ist klar – Jura kommt aber immer dann ins Spiel, wenn Probleme auftauchen. Etwa wenn der eine findet, dass der andere einer Pflicht nicht nachgekommen ist. Du wirst also zum Problemlöser. Ob Dir das am Ende immer gerecht vorkommen wird, ist eine andere Frage, wie auch ein altes Jura-Sprichwort sagt: »Recht haben und Recht bekommen sind zwei verschiedene Dinge.«

Und wer hilft Dir dabei, diese Probleme zu lösen? Natürlich Dein Gesetz. Es wird ab dem ersten Semester Dein ständiger Ratgeber sein. »Lernst Du eigentlich Gesetze auswendig?«, werden Dich Nichtjuristen fragen. Da diese Frage so oft gestellt wird, fällt es fast schwer, nicht genervt mit den Augen zu rollen, wenn man antwortet: »Nein. Ich lerne das ganze Drumherum, um die Gesetze anwenden zu können.« Du kannst und musst Dein Gesetz in Klausuren und später im Arbeitsalltag benutzen. Es ist Dein Werkzeug und Du wirst es brauchen.

DER SACHVERHALT UND DAS GUTACHTEN – DEIN TÄGLICH BROT

Die Klausuren bestehen selten aus reinen Wissensfragen. Spätestens ab dem zweiten Semester wirst Du bis zum ersten Examen ausschließlich Gutachten schreiben. Das heißt, Dir wird ein Fall vorgelegt, der sogenannte Sachverhalt, in dem eine Geschichte erzählt wird. Du schreibst dann dazu ein Gutachten mit Deiner rechtlichen Einschätzung der Situation.

Um Dir zu veranschaulichen, was ein Sachverhalt ist, hier ein einfaches Beispiel aus dem Zivilrecht: A verkauft B ein Auto. Das ist der Sachverhalt. Den versteht jeder, ob Jurist oder Nichtjurist. Deine Aufgabe in der Klausur besteht darin, die dahinterstehende rechtliche Beziehung aufzudröseln: Du prüfst in einem Gutachten, ob es einen Kaufvertrag gab, denn der muss dem Verkauf des Autos zugrunde liegen. So einfach wie obiges Beispiel wird es dabei eher nicht, sonst gäbe es ja keine Probleme, die Du lösen kannst. Wenn einer der Akteure in Deinem Klausursachverhalt aber zum Beispiel minderjährig oder der Pkw geklaut wäre, sähe die Problematik schon ganz anders aus – dann wären dies die Probleme, die Du in Deinem Gutachten erkennen und bearbeiten müsstest. In Klausuren sind Sachverhalte oft mehrere Seiten lange Geschichten.

Gutachtenschreiben mit Stil

Der sogenannte Gutachtenstil wird Dir zum Schreiben Deiner Klausuren ab dem zweiten Semester antrainiert. Die Art, wie man diese Gutachten verfasst, ist etwas gewöhnungsbedürftig, aber im Grunde eine Formalität, die sich üben lässt. Zu Beginn stellst Du immer eine These auf, zum obigen Beispiel etwa: »A und B könnten einen Kaufvertrag gemäß § 433 BGB geschlossen haben.« Ob der Kaufvertrag wirklich zustande gekommen war, prüfst Du anschließend in Deinem Gutachten. Gutachten schreibt man in allen Fächern, also auch im Strafrecht und im Öffentlichen Recht. Erst ab dem zweiten Examen geht es in den Urteilsstil über.

NOCH MAL IN KÜRZE: JURA IST …

- wenn Du wissenschaftlich mit Theorien arbeitest.
- wenn Du Argumente von anderen benutzt, um Deine Lösung in der Klausur zu begründen.
- wenn Du Probleme lösen sollst, mit denen Du eigentlich nichts zu tun hast.
- wenn Du immer ein Gesetz dabei hast.
- wenn Du Gutachten in einem Sprachstil schreiben musst, der wie Deutsch klingt, aber irgendwie anders ist.

Jetzt hast Du hoffentlich einen ersten Einblick und ein Gefühl dafür bekommen, was Jura umfasst und was es eigentlich ist. Nun soll es ein wenig strukturierter weitergehen, um Dir zu zeigen, wie Dein Studium aufgebaut ist. Es gestaltet sich als ein kleiner Hürdenlauf. Hier der Aufbau in Kürze.

2.2
DER AUFBAU DES STUDIUMS

SCHRITT EINS: DAS GRUNDSTUDIUM UND DIE ZWISCHENPRÜFUNG

Du beginnst das Studium und musst zunächst die Zwischenprüfung absolvieren. Je nach Uni hast Du dafür zwei bis fünf Semester Zeit. Die Zwischenprüfung ist aber keine richtige Abschlussprüfung wie das Examen, sondern setzt sich zusammen aus Klausuren und Hausarbeiten, die Du immer während des Semesters schreiben musst. Die Grundfächer Strafrecht, Zivilrecht und Öffentliches Recht sowie ein Sprachkurs und an manchen Unis ein weiteres Grundlagenfach wie etwa Rechtsgeschichte gehören meist zum Stoff. An manchen Unis werden die Prüfungsnachweise der Zwischenprüfung auch kleine Scheine genannt. Dies ist das Grundstudium.

SCHRITT ZWEI: DIE GROSSEN SCHEINE

Ist die Zwischenprüfung geschafft, geht das Scheinesammeln los: Ein Schein pro Hauptfach, also einer im Strafrecht, einer im Zivilrecht und einer im Öffentlichen Recht. Pro Schein nimmt man sich meist ein Semester Zeit, schreibt während des Semesters eine bis drei Klausuren (je nach Uni) und am Ende jeweils eine Hausarbeit. Dies wird an den meisten Unis als Hauptstudium klassifiziert.

SCHRITT DREI: SCHLÜSSELQUALIFIKATION, SPRACHKURS UND PRAKTIKA

Nebenher ist eine Schlüsselqualifikation zu erwerben, etwa »Recherchieren in juristischen Datenbanken«, oder »Mediation«. Und in den Semesterferien sind Praktika bei Anwalt, Gericht oder Verwaltung zu absolvieren. Wenn Du die Scheine, die Praktika, den Sprachkurs und die Schlüsselqualifikation zusammenhast, dann kannst Du zum ersten Examen zugelassen werden.

Merke: Während des Grund- oder Hauptstudiums kannst Du ins Ausland gehen und musst Deine dreimonatige Praktikumszeit absolvieren.

Hast Du Grund- und Hauptstudium, die Praktika, die Schlüsselqualifikation und den Sprachkurs absolviert, kannst Du zum Examen zugelassen werden.

Der sogenannte Schwerpunkt zählt etwa ein Drittel Deines Examens. Er ist vor oder nach dem Examen zu absolvieren. Ausführliche Informationen hierzu gibt es in Kapitel 9 *Das Schwerpunktstudium*.

2.3 DER ABSCHLUSS DES STUDIUMS: DAS STAATSEXAMEN – EIN VERALTETES SYSTEM?

Das Staatsexamen ist der Abschluss, der bislang noch überwiegend an den deutschen Unis am Ende des Tunnels winkt. Es setzt sich aus einem staatlichen und einem universitären Teil zusammen. Den universitären Teil nennt man Schwerpunkt und Du kannst ihn Dir selbst aussuchen – immerhin macht er dreißig Prozent Deiner Gesamtexamensnote aus. Doch das Staatsexamen polarisiert: Es wurde angeregt und auch begonnen, auch für das Rechtswissenschaftsstudium Bachelor- und Masterstudiengänge einzuführen, das nennt man Bologna-Modell.[4]

Das Bologna-4-Stufen-Modell für Jura sähe Folgendes vor:[5]

- 1. Stufe: einen Bachelorabschluss nach vier Jahren
- 2. Stufe: ein einheitliches Examen
- 3. Stufe: das Referendariat
- 4. Stufe: einen Master zur Spezialisierung

4 In der *Erklärung von Bologna* von 1999 haben 29 europäische Bildungsminister vereinbart, bis 2010 einen einheitlichen Hochschulraum für grundsätzlich alle Studiengänge in Europa zu schaffen. Hierfür wurden Bachelor und Master eingerichtet.
Quelle: Merk, Beate, Der Bologna-Prozess – die Erste Juristische Staatsprüfung auf dem Prüfstand? S. 264-268

5 Vgl. Jeep, Jens, Bologna: Es kommt darauf an, was man daraus macht!

Dieses Modell integriert also Bachelor und Master direkt in das Staatsexamen. Doch spalten Bologna und das alte System der zwei Staatsexamina die Gemüter von Juristen. Es gibt gleichermaßen Verfechter beider Richtungen.[6]

Pro Bologna: Für viele Jurastudenten wäre es erleichternd, wenn der Bachelor vor dem ersten Examen verliehen werden würde, denn dann stünden sie nicht vor der jetzt noch überwiegend bestehenden Alles-oder-Nichts-Situation des Examenssystems. Die beiden Examina in Kombination machen den Jurastudenten zum Volljuristen als Einheitsjuristen, also abgesehen vom Schwerpunktbereich, zu einem Juristen ohne besondere Qualifikation oder Spezialisierung, der (im Idealfall) »alles kann«. Das wiederum ist für manche Berufe gar nicht nötig, etwa wenn man nicht Richter, Notar oder Anwalt werden möchte.

Aber: Das Staatsexamen genießt nach wie vor großes Ansehen. Der Schwierigkeitsgrad ist bekannt. Die Befürworter des Examens ohne Bachelor argumentieren unter anderem mit dem Verlust an Wissenschaft mit Einführung des Bachelorsystems.

ERST BACHELOR, DANN EXAMEN?

Du willst besonders schlau sein und denkst Dir: »Ha! Ich trickse das System eben aus und studiere erst auf Bachelor. So habe ich einen Abschluss in der Tasche und wenn ich mag, mache ich danach das Staatsexamen.« Da rate ich Dir zu großer Vorsicht.

---

6 Ab Wintersemester 2013/2014 wird zum Beispiel die Europa-Universität Viadrina Frankfurt (Oder) unter bestimmten Voraussetzungen vor dem Examen zuerst den Bachelor an ihre Jurastudenten verleihen.

Leider sind die Studiengänge oft überhaupt nicht aufeinander abgestimmt. Das heißt, es kann Dir passieren, dass Du von Deinem dreijährigen Bachelorstudiengang im Examensstudiengang fast nichts angerechnet bekommst. Das würde bedeuten, Du hättest von vorne mit dem ganzen Studium anzufangen.

Und wenn ich dann einen LL. M (das ist die gängige Abkürzung für den Master of Laws) dranhänge? Dann muss Deine Bachelornote auch entsprechend gut sein. Auch bei Aufnahme in den LL. M-Studiengang werden Juristen mit erstem Examen wohl meist bevorzugt.

Wichtig für Dich: Willst Du klassischer Jurist werden? Dann musst Du das Staatsexamen machen. So ist das. Das wird sich so bald nicht ändern. Wie das mit alteingesessenen Systemen nun mal oft so ist. Trotzdem gehen die Diskussionen um den Vor-Examens-Bachelor weiter und er wird sich hoffentlich früher oder später an mehreren Unis durchsetzen. Was man aber mit einem Jurabachelor anfangen kann, ist eher fraglich. Es kommt für Deine Bewerbung bei einem potentiellen Arbeitgeber letztendlich nicht nur auf Deinen Abschluss, sondern ebenso auf Deine Zusatzqualifikationen und Nebenverdienste an, die Dich für die Firma interessant machen könnten. Wahrscheinlich ist aber, dass Du nach dem Bachelor noch einen Master machen müsstest.

Aus diesen Gründen soll sich dieser Studienführer im Einzelnen auf das System des Staatsexamens konzentrieren. Schon im Rahmen dieses Systems sind die Unterschiede von Bundesland zu Bundesland und wiederum innerhalb eines Bundeslandes an den verschiedenen Universitäten groß genug.

VIEL LÄNGER ALS EIN BACHELOR

Du hast gehört, Jura sei eines der Studienfächer mit der längsten Studiendauer? Das stimmt so nicht ganz. Die Regelstudienzeit liegt bei neun Semestern. Mit etwas Fleiß und Glück hast Du also das erste Staatsexamen nach etwa viereinhalb Jahren in der Tasche. Will man den Bachelorstudiengang mit einem Examen vergleichen, ist das so wie mit den Äpfeln und Birnen. Das funktioniert nicht. Das Staatsexamen ist in Deutschland ein sehr renommierter Abschluss. Und wer einen Master an seinen Bachelor hängt, studiert schließlich auch fünf Jahre.

Das klingt trotzdem abschreckend: Fünf Jahre studiert und erst dann bekomme ich den ersten Abschluss? Ja. So ist die Studienordnung bei Jura. Man macht ein paar Scheine während des Studiums an der Uni, der große Hammer aber kommt erst am Ende mit dem ersten Examen. In sieben Klausuren und einer mündlichen Prüfung hast Du das bis dahin Gelernte abzuspulen. Aber es gibt auch gute Nachrichten: Man hat bis zu drei Versuche, um das Examen zu bestehen. Das ist die sogenannte Freischuss-Regelung. Der Freischuss – oder auch Freiversuch – steht jedem offen, der in der Regelstudienzeit zum ersten Examen antritt. Als eine Art Belohnung könnte man es bezeichnen, denn wer im Freiversuch eine Note erzielt, mit der er nicht zufrieden ist, der darf sich verbessern. Dann gilt die bessere Note. Und wer durchfällt, darf bis zu zweimal wiederholen.

2.4
WIE SCHWER IST JURA?

Juristen behaupten gern, dass sie den schwersten aller Studiengänge gewählt haben. Aber wer weiß, schließlich hat man nicht die Vergleichsmöglichkeit. Aber ich will ganz ehrlich sein: Jura ist sehr schwer. Das Schwierige ist aber nicht die Materie, die ist vor allem umfangreich. Das Studium an der Uni bekommen die meisten Studenten recht gut in den Griff, die Anforderungen sind eher gering, verglichen mit dem, was das Examen Dir schließlich abverlangt. Das ist das Fiese an Jura. Dein Studium spiegelt an vielen Unis nicht wider, was Du am Ende leisten musst. Besonders schwierig ist es, während der etwa einjährigen Examensvorbereitung stetig mit der Lernerei am Ball zu bleiben. Sich selbst immer und immer wieder zu motivieren, monatelang fünf oder sogar sechs Tage die Woche morgens um sieben Uhr aufzustehen, um ab neun Uhr in der Bibliothek zu sitzen. Man hat in diesem Jahr auf extrem viel zu verzichten. Ich kann das nicht anders sagen und doch bin ich heute froh, es hinter mich gebracht und geschafft zu haben. Es ist natürlich sehr hilfreich, wenn man in diesem Jahr nicht noch einmal alle Grundlagen lernen muss, sondern während des Studiums zuvor fleißig genug war, um einiges bereits zu beherrschen.

Das Allerschwerste ist aber, den Mut nicht zu verlieren und die Gewissheit zu behalten, dass diese Examenszeit vorbeigeht. Ich kenne keinen Jurastudenten, der nicht mal die eine oder andere Träne verdrücken musste, weil der Leistungsdruck so groß war. Aber fast alle, die das Examen schließlich in der Tasche haben, sind froh darüber und gehen mit neuer Motivation ins Referendariat, auch wenn ihnen die Lust an Jura zeitweise einmal vergangen war.

Vor Studienbeginn warnte mich damals eine Freundin mit den Worten, ihre Schwester sei eben durch das Examen gefallen, ich solle mir das gut überlegen. Aber ich wollte es trotzdem. Ich habe meine Entscheidung zwischenzeitlich bereut, heute nicht mehr. Im zweiten Anlauf hat es ihre Schwester schließlich geschafft und ist heute Juristen bei der Familienkasse einer Arbeitsagentur.

2.5 WAS KOMMT NACH DEM ERSTEN EXAMEN?

Student bist Du nach dem bestandenen ersten Examen nicht mehr, sondern beginnst das Referendariat. Das ist die Praxiszeit von ungefähr zwei Jahren. Als Referendar verdient man schon Geld, es ist nicht viel, sollte aber zum Leben reichen. Am Ende dieser Zeit steht das zweite Examen, auch Assessorexamen genannt.

Also umfasst Deine Ausbildung von Studienstart bis Berufseinstieg:

Studium inklusive Schwerpunkt
Dauer: **NEUN SEMESTER**

\+ erstes Examen schriftlich und mündlich
Dauer: **EIN SEMESTER**

\+ Wartezeit bis zum Referendariat
Dauer: (je nach Ortschaft) **DREI BIS SECHS MONATE**

+ Referendariat
Dauer: **ETWA ZWEI JAHRE** inklusive zweites Examen
= Dauer insgesamt: ≈ **7,5 JAHRE**

Das klingt nach einem hohen Zeitaufwand. Allerdings beginnst Du mit der Praxis und dem Geldverdienen wie gesagt schon während des Referendariats. Das ist keine reine Studiendauer. Und diese Rechnung ist nur Pi mal Daumen, eine Überschlagsrechnung, kein Versprechen. Wie schnell Du sein wirst, kann ich Dir leider nicht prophezeien.

2.6 EINE JURISTISCHE BESONDERHEIT: DIE NOTENSKALA

Von eins bis sechs, das war einmal. Schon in der Oberstufe des Gymnasiums wurdest Du mit einer etwas anderen Notenskala bewertet. Die ist bei Jura wiederum eine ganz andere. Hier ist die beste zu erreichende Punktzahl 18 und die schlechteste natürlich null. Wenn man »zu erreichende« sagt, meint man dabei aber eigentlich nie tatsächlich die 18 Punkte. Daran musst Du Dich schnell gewöhnen. Als kleiner Tipp: Es ist nicht ganz unklug Eltern, Großeltern und anderen, die Interesse an den nach Hause gebrachten Noten zeigen, von vornherein deutlich klarzumachen, dass etwa elf Punkte eine ausgezeichnete, ja, hervorragende Note bei Jura darstellen. Stell Dich lieber auf Noten im Bereich sieben bis acht Punkte ein, auch mit viel Lernerei. Das sind immer noch super Ergebnisse für Jura, auch wenn es nicht so klingt, »hätte man doch 18 machen können«.

Die Skala der juristischen Noten sieht so aus:[7]

Null bis 3,99 Punkte: Durchgefallen. Versuch es noch mal.

Ab vier Punkte: Gratulation! Nach dem Motto »Vier gewinnt«, Du hast bestanden.

Bis 6,49 Punkte: Ausreichend. Das geht zwar besser, aber immerhin.

6,5 bis 8,99 Punkte: Du hast es geschafft, ein »Befriedigend« zu ergattern.

Neun bis 11,49 Punkte: Du bist einer von denen, die ihr Examen »Prädikatsexamen« nennen dürfen. Das ist eine besondere Leistung. Diese Note nennt man, extra für Juristen erfunden, »Vollbefriedigend« und sie ist heiß begehrt.

11,5 bis 13,99 Punkte: »Gut«! Wer das hinbekommt, kann gleich nach Karlsruhe ziehen. (Wer jetzt fragt, »Warum nach Karlsruhe?«, der sollte eher mit Noten aus einer der obigen Sparten rechnen – da haben die Hüter unserer Verfassung, das Bundesverfassungsgericht sowie der Bundesgerichtshof ihren Sitz.)

14 bis 18 Punkte: Jura-Gott. »Sehr gut« gemacht. Du hast Jura wahrscheinlich besser durchschaut als Dein Professor. Etwa 0,1 Prozent aller Absolventen sind so wie Du.

---

7 Die Notenskala ist unter anderem auf www.jura-studium.net zu finden (abgerufen 30. Mai 2013).

Denke aber daran: Das Studium an der Uni ist leichter als das Examen. Die besseren Noten wirst Du im Grund- und Hauptstudium eher erreichen können. Im Examen ist die Note »Vollbefriedigend« nicht so einfach zu ergattern.

Nun kennst Du die ersten Besonderheiten und weißt schon Grundsätzliches über das Studium der Rechtswissenschaften. Ist Dein Interesse geweckt? Dann musst Du Dir zunächst einmal überlegen: Kann ich mir ein Studium leisten? Welche Kosten kommen mit dem Jurastudium überhaupt auf mich zu und wer kann mir bei der Finanzierung helfen? Antworten findest Du im folgenden Kapitel.

3
DAS LIEBE GELD – DIE FINANZIERUNG DES STUDIUMS

Das liebe Geld bringt ja bekanntlich immer Probleme mit sich. Schwer hat es, wer kein Kind reicher Eltern ist und sich allein durchschlagen muss. Aber wer hilft? Ja, Vater Staat. Wer ein Kind reicher Eltern ist, der kann sich von ihnen einfach alles bezahlen lassen. Außer die Eltern wollen das nicht, dann bezahlen weder sie noch Vater Staat. Und Du gehst leer aus. Ich sage es ja: Nur Probleme! Wie Du mit ihnen umgehst, verrate ich Dir hier.

VORAB: WAS KOSTET DER SPASS?

Bevor Du erfährst, wie Du das Geld aufbringen kannst, musst Du erst einmal wissen, wie viel es überhaupt sein wird. Die Varianz ist auch bei diesem Thema groß, je nach Studienort und Deinem persönlichen Lebensstil. Die folgende Auflistung soll Dir einen durchschnittlichen Überblick vermitteln:[8]

---

8 Quelle: www.studis-online.de/StudInfo/Studienfinanzierung/kosten.php (abgerufen 30. Mai 2013). Diese Evaluation beruht überwiegend auf den Ergebnissen der 19. Sozialerhebung des Deutschen Studentenwerkes (Stand 2009). Betrachtet wird hierbei meist ein sogenannter »Normalstudent«. Gemeint ist damit ein Student, der nicht bei den Eltern wohnt und sich im Erststudium an einer staatlichen Hochschule befindet. An der Umfrage haben sich 16.370 Studierenden an 210 Hochschulen beteiligt.

Monatliche Kosten

Miete (inkl. Nebenkosten)	€ 281,–
Ernährung	€ 159,–
Kleidung	€ 51,–
Fahrtkosten (Auto/öffentliche Verkehrsmittel)	€ 81,–
Krankenversicherung	€ 59,–
Telefon/Internet/Rundfunk-TV-Gebühren	€ 35,–
Arbeitsmaterialien/Lernmittel (Bücher etc.)	€ 33,–
Freizeit, Kultur und Sport	€ 63,–
Summe	**€ 762,–**

Wie aussagekräftig diese Zahlen für Dich sein mögen, ist fraglich. Aber sie zeigen, dass Du nicht mit einem 450-Euro-Job allein zurechtkommen wirst. Als Student muss man sich das Geld aus mehreren Töpfen zusammenklauben. Ein Job, Unterstützung aus der Familie, BAföG als Unterstützung vom Staat, Kindergeld und so weiter. Insgesamt sollten Dir im Monat mindestens um die 600 bis 700 Euro zur Verfügung stehen, sonst werden Dich Geldsorgen plagen.

3.1 KINDERGELD

Das Kindergeld ist eine staatliche Leistung, die dazu beitragen soll, den Lebensunterhalt von Kindern zu sichern. Anspruchsberechtigt sind in der Regel die Eltern. Praktisch funktioniert die Auszahlung so, dass ein Teil des elterlichen Einkommens steuerfrei bleibt. Für volljährige Kinder besteht vor allem dann ein Anspruch auf Kindergeld, wenn sie für einen Beruf ausgebildet werden, das wirst Du als Student. Die Höhe des Kindergeldes beträgt für das erste und zweite Kind etwa 185 Euro im Monat, für das dritte Kind 190 Euro und für das vierte und jedes weitere Kind 215 Euro.[9]

3.2 BAFÖG

BAföG steht für Bundesausbildungsförderungsgesetz. Du wirst aber natürlich nicht das Gesetz bekommen, sondern die Förderung in Form von Geld. Richtigerweise muss es theoretisch heißen, Du bekommst die »BAfö«. Das sagt aber niemand, BAföG hat sich als Begriff, warum auch immer, für die Förderung eingebürgert.

Wie viel kann ich bekommen? Der Höchstsatz der Förderung liegt bei etwa 670 Euro im Monat, sofern Du nicht mehr bei Deinen Eltern wohnst. Wohnst Du noch bei Deinen Eltern, bekommst Du höchstens um die fünfhundert Euro.

---

9 Quelle: www.studis-online.de/StudInfo/Studienfinanzierung/kindergeld.php (abgerufen 30. Mai 2013)

Achtung: BAföG ist kein Geschenk ohne Regeln und Auflagen. Die Hälfte des Förderungsbetrages wird als unverzinsliches Staatsdarlehen geleistet, was bedeutet, dass Du es später einmal zurückzahlen musst.

Keine Panik: Die Gesamtsumme des zurückzuzahlenden Betrages ist begrenzt, auch gibt es Möglichkeiten, Teile des Darlehens erlassen zu bekommen. BAföG bekommst Du nur während Deiner Regelstudienzeit.

! **Tipp:** Leg Dir, wenn Du es finanziell schaffst, jeden Monat einen Teil des BAföGs zurück. Wenn Du am Ende größere Summen auf einmal zurückzahlen kannst und die Darlehensrückzahlung nicht abkleckern musst, wird Dir wiederum ein Teil des Geldes erlassen.

WOFÜR ÜBERHAUPT BAFÖG?

Die Förderungssumme dient der Finanzierung Deiner Ausbildung, beziehungsweise Deines Studiums, wenn Dein Elternhaus nicht die ausreichenden finanziellen Mittel dafür hat. Das bedeutet, dass der Gesetzgeber also grundsätzlich davon ausgeht, dass Eltern die Ausbildung ihrer Kinder bezahlen, solange sie das können. Dazu sind Deine Eltern gesetzlich verpflichtet. Dafür wird von Dir erwartet, dass Du alles tust, um Deine Ausbildung so effektiv wie möglich durchzuziehen, damit Deine Eltern Dich nicht länger als nötig unterstützen müssen. Entlastet werden Deine Eltern hierbei durch das Kindergeld. Soweit Deine Eltern Dir den Unterhalt nicht in Naturalunterhalt, sprich einem Dach über dem Kopf und Essen auf dem Tisch, gewähren, müssen sie, je nachdem wie viel sie verdienen, eine entsprechend hohe monatliche Summe als Unterhalt an Dich zahlen.

Wichtig: Die Unterhaltspflicht Deiner Eltern geht Deinem Anspruch auf Ausbildungsförderung (BAföG) immer vor.

Die Einzelheiten rund ums BAföG sind ziemlich kompliziert. Ich möchte Dich hier auch nicht langweilen und halte es deshalb recht kurz mit den Grundinformationen, alles Weitere findest Du unter den angegebenen Links und beim BAföG-Amt Deiner Uni.

Du hast jedenfalls Aussicht auf staatliche Förderung, wenn ...[10]

- Du an einer Universität eingeschrieben bist.
- Du die deutsche Staatsangehörigkeit besitzt.
- Du jünger als 30 Jahre bist.
- Du Dich in Erstausbildung befindest.

Erfüllst Du diese Anforderungen oder treffen gewisse Ausnahmen auf Dich zu, so hast Du ein Anrecht auf BAföG. Das zuständige BAföG-Amt wird mithilfe der Gehaltsnachweise Deiner Eltern und anderer Unterlagen ausrechnen, wie hoch Dein tatsächlicher Anspruch ist. Diesen kannst Du Dir auch vorab im Internet ausrechnen lassen, zum Beispiel unter: **www.bafoeg-rechner.de**.

10 Auch unter anderen Umständen kannst Du womöglich BAföG bekommen, informiere Dich hierfür auf www.studis-online.de oder bei Deinem zuständigen BAföG-Amt.

WO BEANTRAGST DU BAFÖG?

Den Antrag stellt man schriftlich beim BAföG-Amt. Das für Dich zuständige Amt befindet sich an Deiner jeweiligen Hochschule. Die Adresse Deines BAföG-Amtes und weitere Infos und Antragshilfen rund um die Förderung findest Du unter folgenden Links:

- **www.bafoeg.bmbf.de**
- **www.studis-online.de**

Achtung Regelstudienzeit! Ein wichtiger Aspekt beim Beziehen von BAföG ist die Regelstudienzeit. Die ist bei Jura je nach Uni entweder acht oder neun Semester. Dann macht man die erste Staatsprüfung, die schriftliche kommt ein halbes Jahr vor der mündlichen. Aber leider wird Dir die Förderung nur bis zum Moment der schriftlichen Prüfung gezahlt. Dein Studium im eigentlichen Sinne ist hier vorbei. Aber in der Realität musst Du natürlich bis zur mündlichen Prüfung weiterlernen und hast noch gar keinen Abschluss samt Zeugnis in der Tasche. So kann man also noch nicht arbeiten und BAföG gibt es auch nicht mehr. Hierfür kann ich leider nur einen Tipp geben: Vorsorgen. Sparen und einen Nebenjob haben, der zusätzlich etwas abwirft.

3.3 NEBENJOB

Ein Nebenjob ist ab dem ersten Semester absolut empfehlenswert. Er bietet Dir Abwechslung und einen Blick über den Tellerrand. Außerdem arbeitest Du bei den meisten Jobs mit Menschen zusammen, die schon voll im Berufsleben stehen. Mach das, worauf Du Lust hast.

EIN NEBENJOB MIT ODER OHNE JURABEZUG ?

JOB OHNE JURABEZUG

Zum Beispiel Kellner, Barkeeper, Eisverkäufer, Kassierer, Hostess, Sporttrainer, Babysitter, Verkäufer, Nachhilfelehrer, Promoter.

Vorteile

- Sorgt für Abwechslung und einen freien Kopf. Das kann Dich für Dein Studium motivieren.
- Weniger Druck absolut glänzen zu müssen, mögliche Aufstiegschancen spielen keine Rolle.
- Du lernst Nicht-Juristen kennen, der Wettbewerb zwischen Juristen beeinflusst Dich also nicht auch noch im Nebenjob.

Nachteile

- Bringt Dich in Deinem Studium nicht weiter, Du knüpfst im Normalfall keine Kontakte zu Juristen.
- Kann Dir manchmal wie Zeitverschwendung vorkommen, weil Du Dich unterfordert fühlst.

JOB MIT JURABEZUG

Zum Beispiel Angestellter in einer Kanzlei, Kurshelfer bei einem Repetitorium, Werksstudent in einer Firma, Angestellter an Deinem Lehrstuhl an der Uni.

Vorteile

- Du erwirbst Praxiserfahrung.
- Du kannst erste Kontakte zur juristischen Arbeitswelt knüpfen.
- Du bekommst realistische Vorstellungen vom Beruf eines Juristen.
- Die Bezahlung kann (muss nicht) besser sein, da Du auch »vom Fach« bist.
- Du lernst unter Umständen etwas fürs Studium, nicht nur fürs Leben.

Nachteile

- Jura ist überall in Deinem Leben, das kann auch nerven.
- Du lernst nur noch mehr Juristen kennen, kaum andere Menschen mit anderen Jobs und Lebensentwürfen.
- Unter Umständen wird auch der Job zum Leistungsmarathon, da Dein Chef hohe Anforderungen an Dich stellt.

So viel zu den Vor- und Nachteilen. Ich habe beides gemacht und das würde ich Dir auch raten. Kennst Du vielleicht überhaupt keine Anwälte oder andere Juristen aus Deiner Familie oder dem Bekanntenkreis? Dann ist es schlau, früh erste Kontakte zu knüpfen. Wenn Du noch in den ersten Semestern bist, kann eine Kanzlei nicht von Dir erwarten, dass Du schon alles weißt. Du wirst eingearbeitet und wirst anfangs leichte Aufgaben bekommen.

!

Tipp: Gerade während der Examensvorbereitung – wenn Du es überhaupt schaffst in dieser Phase zu jobben – sind Arbeiten, bei denen es mehr auf körperliche als auf geistige Leistung ankommt, eine tolle Abwechslung.

Wie finde ich einen Job

?

Ähnlich wie bei der Wohnungssuche sind die Wege zu einem Job:

MUNDPROPAGANDA: Reden, Nachfragen, Nachhaken. Bei Freunden von Bekannten oder Nachbarn oder Verwandten. Vielleicht hat jemand gerade ein Café eröffnet und braucht einen Kellner? Vielleicht hat Mamas Geschäftspartnerin eine Kanzlei und braucht eine studentische Hilfskraft? Wer weiß, frag nach!

ANSCHREIBEN, ANRUFEN, VORBEIGEHEN: Initiativbewerbungen sind für Nebenjobs auf 450-Euro-Basis nicht so aussichtslos wie für feste Arbeitsstellen. Also schick E-Mails an Kanzleien, die Dich interessieren, gehe bei Deinem Lieblingseisstand vorbei und frag nach oder ruf bei Repetitorien an, ob sie gerade Kurshelfer suchen! (Eine Auswahl von Repetitorien findest Du weiter unten in Kapitel 12 *Das Repetitorium*)

DAS SCHWARZE BRETT IN DER UNI: Da hier alles Mögliche angeboten wird, können auch Jobs darunter sein.

JOBBÖRSEN IM INTERNET, EINE AUSWAHL:

- **www.studentjob.de**
- **www.studentenjobs24.de**
- **karriere.unicum.de**

Was ist ein Minijob ?

Wenn Du jetzt losziehst, um Dir einen Nebenjob zu besorgen, dann wird das für Dich als Student in der Regel ein sogenannter Minijob sein, sofern Du als Angestellter und nicht als Selbstständiger arbeitest. Dabei darfst Du als Arbeitnehmer maximal 450 Euro pro Monat verdienen. Dafür musst Du dann weder Steuern noch Sozialabgaben zahlen.[11]

---

11 Quelle: Focus-Online vom 18. August 2012, www.focus.de/finanzen/news/arbeitsmarkt/kurz-erklaert-was-ist-ein-minijob_aid_807949.html (abgerufen 30. Mai 2013)

Achtung: Trotz der Anhebung der Verdienstgrenze von 400 auf 450 Euro hat sich in Sachen BAföG nichts geändert. Wer BAföG bezieht, darf weiterhin nur bis zu 400 Euro im Monat verdienen, ohne dass ihm etwas von seiner Förderung abgezogen wird.

Dein Studentenjob darf während der Vorlesungszeit nicht mehr als zwanzig Stunden umfassen. Aber wer kann so viel arbeiten, während er Jura studiert? Niemand. Pass auf, dass Du Dich nicht zu sehr auf den Job und zu wenig auf Dein Studium konzentrierst. Und mal ganz ehrlich: mehr als zwanzig Stunden in der Woche arbeiten und am Ende des Monats weniger als 450 Euro erhalten? Such Dir lieber etwas, das besser bezahlt wird.

3.4 STUDIENKREDITE

Eine weitere Möglichkeit der Studienfinanzierung ist ein Studienkredit. Bevor man so einen Kredit aufnimmt, sollte man sich aber ganz sicher sein, dass man keine andere Möglichkeit hat, sich zum Beispiel von Oma und Opa ein zinsloses Darlehen geben zu lassen. Wenn man einen Kredit aufnimmt, ist das eine große Verantwortung und wenn man nicht aufpasst, wächst einem die Rückzahlung inklusive der Zinsen womöglich über den Kopf.

Zur Begriffsklärung: **STUDIENKREDIT** und **STUDIENDARLEHEN** werden synonym verwendet und stehen für ein **DARLEHEN,** welches Deinen Lebensunterhalt während des Studiums finanzieren soll. Die Besonderheit im Vergleich zu einem normalen Kredit ist, dass nicht auf einen Schlag eine große Summe vergeben wird, sondern **MONATLICHE ZAHLUNGEN** gewährt werden.[12]

DER BILDUNGSKREDIT DER KFW (KREDITANSTALT FÜR WIEDERAUFBAU)

Dieser Kredit wird vom Bund finanziell abgesichert und ist demnach von allgemeinen Studienkrediten zu unterscheiden. Du kannst ihn in Anspruch nehmen, wenn Du mehr finanzielle Hilfe brauchst, als Dir BAföG oder Deine Eltern gewähren. Das Einkommen Deiner Eltern spielt hierbei keine Rolle.

Wie hoch die monatliche Förderung in Deinem Fall ist, muss festgelegt werden. Die Zahlungsdauer kann frei gewählt werden, beträgt aber nicht mehr als zwei Jahre. In dieser Zeit erhältst du maximal 7.200 Euro, die Du später plus Zinsen zurückzahlen musst. Die Zinskonditionen sind relativ günstig. Die Förderbestimmungen wurden durch das Bundesministerium für Bildung und Forschung festgelegt.

---

12 Quelle: www.studis-online.de/StudInfo/Studienfinanzierung/studiendarlehen.php (abgerufen 30. Mai 2013)

Wann kann ich den Kredit bekommen

?

Wenn Du die Zwischenprüfung des Studiums bestanden hast und das zwölfte Hochschulsemester noch nicht abgeschlossen hast. Du musst an Deiner Uni eingeschrieben und unter 36 Jahre alt sein.[13]

Wie stelle ich den Antrag

?

Du musst Dich schriftlich an das Bundesverwaltungsamt in Köln wenden. Erkundige Dich im Internet unter www.bildungskredit.de. Beim Bundesverwaltungsamt wird Dein Antrag bearbeitet und falls er bewilligt wird, kannst Du durch den Bewilligungsbescheid einen Kreditvertrag mit der KfW Bank abschließen. Von dieser Bank erhältst Du schließlich die Auszahlung.

Wann ist für mich Zahltag

?

Nach vier Jahren ab der ersten Auszahlung durch die Bank musst Du mit der monatlichen Rückzahlung des Kredits plus Zinsen in Raten beginnen.

13 Quelle: www.coole-studenten.de/studentenkredit (abgerufen 24. Juni 2013)

Was passiert, wenn ich nicht zahlen kann ?

Kannst Du nicht ordnungsgemäß zurückzahlen, wird die KfW-Bank die Bürgschaft des Bundes in Anspruch nehmen. Das Bundesverwaltungsamt wird schließlich versuchen, später, wenn Du finanziell wieder auf den Beinen und zahlungsfähig bist, das Geld bei Dir einzutreiben.

Warum solltest Du Dir das entgehen lassen ?

Wahrscheinlich ist dieser Kredit der mit den freundlichsten Konditionen. Die Zinsen sind nicht so hoch wie bei anderen. Trotzdem rate ich Dir, es auf anderem Wege zu versuchen. Du bringst Dich selbst in eine Position großer Verantwortung und einer Unfreiheit, indem Du Dich bei einer Bank verschuldest. Solltest Du die Möglichkeit haben, ein zinsloses Darlehen bei einem netten Bekannten oder Verwandten zu bekommen, ist das sicher der bessere Weg.

WEITERE STUDIENKREDITE

Es gibt weitere Banken und Kreditanstalten, die Studiendarlehen anbieten. Eine Auflistung findest Du auf der Seite **www.studis-online.de.** Informiere Dich vorher gründlich über die Rahmenbedingungen und konsultiere jemanden, der sich mit

Finanzen auskennt, eventuell aus Deinem Bekanntenkreis, mit dem Du die Einzelheiten des Vertrages prüfst. In diesem Fall gilt tatsächlich: Vorsicht ist die Mutter der Porzellankiste. Heb nicht auf, was Du nicht tragen kannst.

Das Centrum für Hochschulentwicklung (CHE) hat vierzig Studienkredite und Bildungsfonds miteinander verglichen. Diesen Vergleich findest Du auf **www.che.de/downloads/CHE_Studienkredit_Test_2012.pdf.** Hier gibt es Entscheidungskriterien und viele Tipps.

4
DIE WAHL DER RICHTIGEN HOCHSCHULE

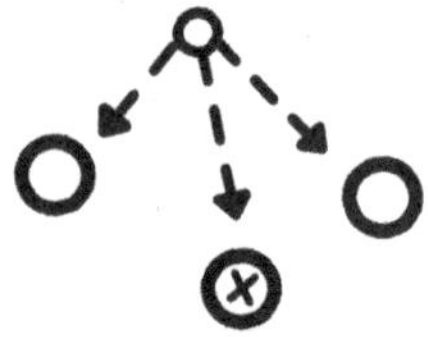

Wer die Wahl hat, hat bekanntlich die Qual. Aber welche Wahl hast Du überhaupt? Wie entscheidet man sich denn für die vermeintlich richtige Uni?

DIE KRITERIEN FÜR DIE ENTSCHEIDUNG

Nachdem man sich für einen Studiengang entschieden hat, ist der nächste Schritt die Wahl der richtigen Universität. Dabei kannst Du Dich zwischen dem Klassiker Universität und dem neueren Modell Law School entscheiden. Bei einer Law School ist die Auswahl mit zwei Möglichkeiten in Deutschland eher begrenzt. Universitäten, die Jurastudiengänge anbieten, gibt es hier hingegen wie Sand am Meer. Für diejenigen, die in einer Großstadt wie Hamburg oder Berlin wohnen, bietet die Heimat schon eine gewisse Auswahl an. Berlin zum Beispiel hat drei Universitäten (wenn man es nicht so genau nimmt und das direkt vor Berlin liegende Potsdam mit dazuzählt), die Rechtswissenschaften als Studienfach anbieten. Hamburg bietet sogar vier Möglichkeiten. Für wen ein Umzug in eine andere Stadt nicht ausgeschlossen, sondern womöglich ein willkommenes Abenteuer darstellt, der sollte sich vorher gründlich über den Studienverlauf informieren.

Besonders wichtig sind bei Deiner Entscheidung nach Hochschule diese drei Kriterien:

Welche Schwerpunkte bietet die Uni an?

Mit welchen Partnerunis arbeitet die Uni zusammen, wohin kann ich ins Ausland gehen?

Wie ist das Examen in dem entsprechenden Bundesland aufgebaut?

Achtung! Es heißt zwar »Staats«-Examen, doch variieren Aufbau und Ablauf in vielen Fällen von Bundesland zu Bundesland. Hier liefern die Webseiten der jeweiligen Universitäten einen guten Überblick über das exakte Angebot an den Juristischen Fakultäten.

Was ist Dir wichtig? Prioritäten setzen

Du solltest Dir vor Deiner Bewerbung an den Unis darüber im Klaren sein, was Du eigentlich willst. Sind Dir etwa Auslandserfahrungen und Fremdsprachenkenntnisse besonders wichtig, so schau Dich nach Angeboten wie den deutsch-französischen oder deutsch-englischen Studiengängen um. Natürlich kann man auch innerhalb eines komplett deutschen Studiengangs

Auslandssemester mit dem Erasmus-Programm absolvieren, dazu findest Du umfangreiche Infos in Kapitel 11 *Ich bin dann mal weg – mit Erasmus ins Ausland.*

14.1
JURA AN DER UNIVERSITÄT

Die klassische Institution für ein Jurastudium ist eine Universität, die sich oft mit ihren Fakultäten über die ganze Stadt erstreckt. Sie beherbergt Mensen und Bibliotheken, Studienbüros, Cafeterien, Sporthallen, Computerräume und vieles mehr.

Am Anfang des ersten Semesters ist alles so aufregend: Du musst in das Hauptgebäude, mit den anderen Studienanfängern in einer Schlange warten, um Deinen Studentenausweis zu beantragen oder abzuholen. Du bekommst Begrüßungspakete und Infozettel. Hunderte stehen dann wie Du in den fremden Hallen und sind gespannt, was noch so alles passieren wird.

DIE ANMELDUNG

An einer Uni meldet man sich eigentlich nicht an, sondern man immatrikuliert sich. Die Immatrikulation ist also das Einschreiben an einer Uni. Wer immatrikuliert ist, bekommt eine Kennziffer, das ist die Matrikelnummer, die man sein ganzes Studium behält, sofern man die Uni oder den Studiengang nicht wechselt.

Der erste Schritt vor der Einschreibung ist eine umfassende Recherche. Jede Uni hat eine Homepage auf der wichtige Termine und Fristen zu finden sind. Normalerweise funktioniert die Anmeldung überall ähnlich und ich will Dir hier zeigen, was Du beachten musst. Erkundige Dich trotzdem rechtzeitig, ob Deine Wunschuniversität besondere Anforderungen an die Bewerbung stellt.

TERMINE

Viele Universitäten erlauben nur einen Studienbeginn zum Wintersemester. An wenigen Hochschulen kann man sich auch zum Sommersemester für Rechtswissenschaften einschreiben, genannt seien hier als Beispiele die Universität Münster und die Universität Göttingen.

Die Semester teilen sich in Wintersemester und Sommersemester. Ein Semester umfasst sechs Monate.

Wintersemester: 1. Oktober bis 31. März
▶ **Bewerbung bis etwa 15. Juli**

Sommersemester: 1. April bis 30. September
▶ **Bewerbung bis etwa 15. Januar**

Semesterferien: die etwa zehn bis zwölf Wochen vor Semesterende

Normalerweise musst Du Dich mit Deinem beglaubigten Abiturzeugnis, einem Krankenversicherungsnachweis und entsprechenden Formularen, die Du auf der Homepage der Universität findest, bewerben. Nach etwa sechs Wochen geben die Unis dann per Post Bescheid, ob Du angenommen wurdest oder nicht. Wurdest Du erst einmal nicht angenommen, landet Dein Name automatisch auf der Nachrückerliste. Im Nachrückverfahren kommt die Zusage recht knapp, kurz vor Studienbeginn – in manchen Fällen sogar erst nachdem das Semester schon begonnen hat.

CHECKLISTE FÜR DIE BEWERBUNG

- ⊗ Beglaubigtes Abiturzeugnis
- ⊗ Krankenversicherungsnachweis (Familienversicherung reicht aus)
- ⊗ Ausgefüllte Formulare, die auf der Uni-Homepage zum Download bereitstehen

DIE ZULASSUNGSBESCHRÄNKUNG

Eine Bewerbung ist natürlich immer nur dann nötig, wenn das Fach überhaupt zulassungsbeschränkt ist. Wo keine Zulassungsbeschränkung besteht, kannst Du Dich direkt – meist sogar einfach online – immatrikulieren und losstudieren.[14]

---

14 Ein Beispiel hierfür war etwa die Universität Passau zum Wintersemester 2013. Rechtswissenschaften ist normalerweise jedes Jahr an abwechselnden Universitäten zulassungsunbeschränkt.

Der NC bei Jura mit Staatsexamen variiert sehr stark von Stadt zu Stadt und dort sogar von Universität zu Universität und verändert sich mit jedem Semester. »NC« steht für »Numerus clausus«, zu Deutsch etwa »geschlossene Anzahl«, was so viel wie Zulassungsbeschränkung bedeutet. Er ist der Wert, der beschreibt, welche die Abiturdurchschnittsnote des zuletzt zugelassenen Bewerbers war. Der NC ist also abhängig von der Anzahl der Bewerbungen. Da er hierdurch immer erst im Nachhinein errechnet werden kann, ist es unmöglich zu sagen, wie der NC für das kommende Semester aussieht. Der vom letzten Jahr lässt aber Schlüsse über den kommenden zu.

An der Uni Düsseldorf zum Beispiel lag der NC bei 1,3 für das Wintersemester 2012/2013, an der Uni des Saarlandes hingegen bei 3,0.[15]

Zusatzinfo: Du kannst Dich an jeder Universität nur für jeweils ein Fach bewerben. !

DER STUDIENVERLAUF

Das Jurastudium – mit dem Abschluss erstes Staatsexamen – teilt sich einerseits in das Pflichtfachstudium und andererseits das Schwerpunktbereichsstudium. Wie sich die einzelnen Semester von anderen unterscheiden, wird von Uni zu Uni anders genannt, meist wird die Aufteilung in etwa so gegliedert sein: Den Anfang bildet das Grundstudium vom ersten bis dritten, manchmal auch vierten Fachsemester, gefolgt vom Hauptstudium, vom vierten bis

15 Eine Tabelle mit den aktuellen Numerus-clausus-Werten findest Du auf www.nc-werte.info/studiengang/rechtswissenschaft (abgerufen 30. Mai 2013).

siebten Fachsemester und schließlich die Zeit der Examensvorbereitung, für die man ein Jahr einplanen sollte, im achten und neunten Fachsemester. Von Grund- und Hauptstudium wirst Du aber kaum einen Professor reden hören, wichtiger sind die Begriffe Zwischenprüfung und Scheine, wie Dir oben bereits dargestellt wurde.

Das Pflichtfachstudium vermittelt die Grundlagen der Rechtsgebiete Bürgerliches Recht, Strafrecht und Öffentliches Recht samt der schon erwähnten rechtswissenschaftlichen Methoden, also dem Lösen eines Klausurfalls anhand des Gutachtenstils. Nebenher wird aufgezeigt, wie sehr Recht schon immer relevant war, seit es Menschen gibt, und Geschichte und Gesellschaft geprägt hat.

An dieser Stelle will ich Dir die Pflichtfächer aufzählen, die Dich in etwa erwarten. Vielleicht hast Du ja von dem einen oder anderen schon gehört, die fettgedruckten könnten Dir schon geläufig sein, etwa aus den Medien.

Zu den Pflichtfächern zählen ...

... der Allgemeine Teil des Bürgerlichen Gesetzbuches (BGB), das Recht der Schuldverhältnisse, das Sachenrecht, Grundzüge des **ERBRECHTS** und des Familienrechts, Grundzüge des Handels- und Gesellschaftsrechts, Grundzüge des **ARBEITSRECHTS,** der Allgemeine Teil und der Besondere Teil des Strafgesetzbuches (StGB), das Staatsrecht, das Allgemeine Verwaltungsrecht, das Besondere Verwaltungsrecht, insbesondere das Allgemeine **POLIZEI- UND ORDNUNGSRECHT,** das **VERSAMMLUNGSRECHT,** das Bauordnungs- und Bauplanungsrecht, das

Kommunalrecht, europarechtliche Bezüge, insbesondere die **MENSCHENRECHTE,** die **EUROPÄISCHE UNION,** die Durchsetzung des Gemeinschaftsrechts einschließlich des gerichtlichen Rechtsschutzes, das Zivilprozessrecht, das Strafverfahrensrecht, das Verwaltungsprozessrecht, das Verfassungsprozessrecht und das Gerichtsverfassungsrecht.[16]

Wie in Kapitel 2 *Das Studienfach Rechtswissenschaften* aufgelistet kommen zum Pflichtfachstudium hinzu: Fremdsprachenkenntnisse, Schlüsselqualifikationen und etwa drei Monate juristische Praktika während der vorlesungsfreien Zeit. Diese vorlesungsfreie Zeit sind die Semesterferien. Aber lass Dich von der Bezeichnung »Ferien« nicht allzu sehr täuschen – es gibt immer Praktika zu absolvieren und Hausarbeiten zu schreiben, um in den Urlaub fahren zu können, ist gutes Zeitmanagement gefordert.

Doch bis es für Dich so weit ist, Dich mit Deinem Studium zu beschäftigen, ist es nötig, überhaupt in das Unileben hineinzufinden. Ich finde es nicht nur wichtig, in die Materie einzusteigen, sondern fast noch wichtiger, das soziale Umfeld kennen und mögen zu lernen, damit es kein Fehlstart wird. Nur wer sich an einer Hochschule aufgenommen und wohl fühlt, will schließlich viel Zeit dort verbringen, um zu lernen.

EIN GUTER START IN DEN MIKROKOSMOS UNI

Stell Dir vor, Du hast Dich schon für eine Uni entschieden, die entweder den von Dir bevorzugten Schwerpunkt anbietet oder deren Angebot Dich insgesamt am meisten überzeugt. Du hast

16 Quelle: www.jura.uni-potsdam.de (abgerufen 30. Mai 2013), mit dem generellen Studium an anderen Universitäten vergleichbar.

Dich beworben, wurdest angenommen, hast Dich immatrikuliert und schaust eines Morgens in den Briefkasten: Da liegt eine Einladung mit den feierlichen Worten »Herzlich willkommen« zu den Einführungsveranstaltungen Deiner Uni, auch Orientierungswoche (oder kurz: O-Woche) genannt. Und Du fragst Dich, ob Du da wirklich hingehen musst? Ich empfehle, das einfach zu machen. Zu Beginn gilt schließlich für jeden: Alles ist neu, alles ist fremd. Aber genau dafür gibt es diese Kennenlernwoche, die so gut wie jede Universität veranstaltet. Die Teilnahme an diesen Einführungsveranstaltungen ist freiwillig, nicht notwendig und wird Dir womöglich sogar etwas affig vorkommen. Trotzdem schadet es nicht, zu den Veranstaltungen zu gehen, um andere Anfänger schon möglichst früh kennenzulernen. Das gilt nicht nur für Zugezogene, sondern auch für diejenigen, die in ihrer Heimatstadt zur Universität gehen.

Unis, die wissen, wie sie den Studenten Freude machen, treffen sich sogar zum Pub-Crawl, andere machen Schifffahrten – das ist Glückssache. In den meisten Fällen werden keine peinlichen Kennenlernspiele gespielt, sondern eher praktische Informationen vermittelt. Es gibt Rundgänge auf dem Campus, zur Bibliothek, zur Mensa, zum Studentencafé oder in der Gegend rund um die Uni. Hierbei kannst Du schon erste Kontakte knüpfen.

Tipps für einen guten Start ins Unileben:

! **Tipp eins:** Besuche die Einführungsveranstaltungen. Hier kannst Du Dich orientieren und erste Kontakte knüpfen.

! **Tipp zwei:** Verbringe (vor allem am Anfang) möglichst viel Zeit auf dem Universitätsgelände. So bekommst Du schnell den Rhythmus des Unilebens mit und triffst viele Kommilitonen.

Tipp drei: Besuche alle für Dein Semester angebotenen Kurse. Dir wird umso schneller klar werden, wie die Fächer aufeinander aufbauen und ineinander verwoben sind. !

STUDIENGEBÜHREN

Ein Campus mit Bibliothek, Mensa und Studentencafé? Wer bezahlt das eigentlich? Unter anderem: Du! Das Studium an Universitäten ist nicht ganz umsonst. Abgesehen von den Kosten, die Du für Deinen Lebensunterhalt aufbringen musst (hierzu mehr in Kapitel 3 *Das liebe Geld – Die Finanzierung des Studiums*), hast Du zweimal im Jahr Studiengebühren zu zahlen.

Die Studiengebühren sind eigentlich Studienbeiträge, so nennt sie zumindest die Politik. Sie sind ein politisches Thema und sehr umstritten. Wenn Du wissen willst, ob es in dem Bundesland, in dem Du studieren wirst, Studiengebühren gibt, schaue zum Beispiel auf der Seite **www.studis-online.de/StudInfo/Gebuehren** nach, klicke auf Dein Bundesland und finde es heraus.

Von Studiengebühren zu unterscheiden, sind die sogenannten Semesterbeiträge oder Rückmeldegebühren. Diese liegen momentan bei etwa fünfzig Euro pro Semester. Zu zahlen sind aber je nach Bundesland etwa zweihundert Euro mehr, da darin außerdem das Semesterticket für den öffentlichen Nahverkehr enthalten ist. Durch die Überweisung dieses Beitrages nimmst Du Dein Studium auf, durch weiteres Überweisen alle halbe Jahre meldest Du Dich zum Studium zurück, um nicht exmatrikuliert, sprich von der Uni abgemeldet zu werden.

Achtung Langzeitstudiengebühren! Einige Bundesländer haben Langzeitstudiengebühren eingeführt und erheben nach einer gewissen Semesterzahl zusätzliche Gebühren. Das Studentenwerk hat hierzu eine Übersicht erstellt. Die findest Du unter: **www.studentenwerke.de/pdf/Uebersicht_Studiengebuehren_2012.pdf.**

So viel erst einmal zu den Universitäten für das Staatsexamensstudium, das bislang in Deutschland der Regelfall ist. Möglicherweise hast Du aber schon von einem anderen Lehrsystem gehört, das in den USA und Kanada praktiziert wird: die Law School. Was Du vielleicht noch nicht weißt, ist, wo eigentlich der Unterschied zum Universitätsstudium liegt und dass es diese Institution auch in Deutschland gibt. Im Folgenden bekommst Du einen kleinen Überblick.

4.2 JURA AN DER LAW SCHOOL

Vorweg: Deutsche Law Schools unterscheiden sich durchaus von amerikanischen Law Schools. Das geht schon bei der Studiendauer los und hängt damit zusammen, dass der Abschluss für den Volljuristen hier natürlich wiederum das Staatsexamen ist. Da der Abschluss also der gleiche wie an Universitäten ist, kann auch das Studium nicht völlig anders sein und ist an bestimmte Grundvoraussetzungen gebunden. Trotzdem gibt es Ähnlichkeiten mit den amerikanischen Schools, da sich hieran zum Beispiel bezüglich Effektivität des Studiums orientiert wurde. Vor allem aber flossen Gedanken der Bologna-Reform mit in den Aufbau der deutschen Law Schools ein.

Es gibt zwei Law Schools in Deutschland, die Bucerius Law School (BLS) in Hamburg und die European Business School (EBS) in Wiesbaden. Dies sind private Schulen, das heißt, dass sie nicht staatlich finanziert sind, sondern Du das Geld selbst aufbringen musst. Vorteilhaft sind das im Gegensatz zur Uni eher verschulte System und die damit einhergehende strikte Vorbereitung auf das Examen. Anwesenheitspflicht ist hier kein Fremdwort, an den Unis hingegen wird sie Dir nicht begegnen.

Großer Vorteil der Law Schools: Schon vor dem ersten Examen gibt es die Möglichkeit, den LL. B.-Abschluss, also den Titel Bachelor of Laws, zu erhalten. Natürlich kann man, wie oben erwähnt, damit nicht Volljurist werden, doch hat man damit vor dem Mammut-Examen immerhin einen Abschluss als Absicherung in der Tasche. Er dient als erster Schritt im Lebenslauf, der es Dir ermöglicht, internationale Wege einzuschlagen. Da dieser Abschluss im System der Law School integriert ist, gibt es keine Probleme mit einer möglichen Nichtanerkennung Deiner bisherigen Studienleistungen. Der Abschluss kommt schließlich von derselben Uni. Ein Hochschulwechsel nach dem Bachelor hingegen dürfte genauso schwierig sein wie von jeder anderen Universität.

Die zwei deutschen Law Schools sollen Dir im Folgenden kurz vorgestellt werden.

DIE BUCERIUS LAW SCHOOL

Allgemeines: Die Bucerius Law School in Hamburg war die erste private Hochschule für Jura in Deutschland und wurde im Jahr 2000 gegründet. Jedes Jahr nimmt sie etwa 115 Studierende auf. Sie wirbt mit ihrer geringen Abbruchquote und damit, dass jeder Kandidat, der zum Examen schließlich antritt, es auch absolviere. Sie bietet ähnlich den staatlichen Universitäten acht Schwerpunktbereiche an. Viele davon haben mit Wirtschaft zu tun. Auch sollen die Studenten dort mit Firmen und damit wirtschaftlichen Bereichen in Berührung kommen.

Kosten: Die Studiengebühren betragen insgesamt 48.000 Euro. Das Jahr ist nicht in zwei, sondern in drei Abschnitte geteilt. Pro Trimester zahlt man also etwa 4.000 Euro. Wessen Eltern das nicht zahlen und wer nicht durch Lotto oder andere Zufälle über die finanziellen Möglichkeiten verfügt, kann die Studiengebühren nach Berufseintritt berappen, vorher also die Möglichkeit der Kreditfinanzierung in Anspruch nehmen.

Kontakt: Die Homepage der Law School findest Du unter **www.law-school.de**. Hier sind alle Kontaktmöglichkeiten aufgeführt.

Bewerbung: Wer sich hier bewirbt, durchläuft ein etwas aufwendigeres Aufnahmeverfahren als an normalen Universitäten. Persönliche Gespräche sowie schriftliche Tests gehören mit zum Verfahren. Ausführliche Informationen zu diesem etwas anderen System des Studiums der Rechtswissenschaften findest Du hier: **bewerberportal.law-school.de**, Bewerbungsschluss ist jeweils Mitte Mai.

DIE EUROPEAN BUSINESS SCHOOL

Allgemeines: Auch bei der EBS ist das System verschulter als an der Universität. Es wird in kleineren Lerngruppen von etwa sechzig Studierenden in einer Vorlesung unterrichtet. Das Studienjahr teilt sich auch hier in Trimester. Auch ein Auslandsaufenthalt ist innerhalb der fünf Studienjahre vorgesehen. Mit dem Erreichen des Schwerpunkts erhält man schon vor dem Staatsexamen den Bachelor of Laws, mit dem man natürlich nicht Volljurist ist, aber eben einen ersten Abschluss in der Tasche hat, dem man einen Master hinterherschieben kann.

Die EBS versteht ihren Studiengang als Kombination zwischen BWL und Jura. Die Schwerpunkte sind mit Gesellschafts- und Restrukturierungsrecht, Bank- und Kapitalmarktrecht, Arbeits- und Dienstleistungsrecht und Öffentlichem Wirtschaftsrecht sehr im wirtschaftlichen Bereich angesiedelt. Jedes Jahr gibt es etwa 120 Anfänger. Den Freiversuch machen diese nach dem vierten Jahr.

Da die Schule noch recht neu ist, kann noch nichts über den Erfolg der Kandidaten gesagt werden, die ersten Staatsexamina werden voraussichtlich 2015 absolviert.

Kosten: Die Gebühren für diese Law School betragen 3.700 Euro pro Trimester, insgesamt 49.950 Euro für das komplette Studium inklusive eines Masters of Laws nach Bachelor und Staatsexamen.

Kontakt: Wenn Du Dich für das Jurastudium an der European Business School interessierst, findest Du Infos auf **www.ebs.edu.**

Bewerbung: Bewerber müssen sehr gute Englisch- und Deutschkenntnisse mitbringen und einen Nachweis bei der Bewerbung einreichen. Dein Abiturzeugnis mit einer sehr guten Englischleistungskursnote reicht nicht aus, es muss ein TOEFL-, IELTS- oder ähnlicher Sprachnachweis vorgelegt werden. Die Bewerbung erfolgt online.

Wo auch immer Du schließlich studierst, Du brauchst ein Dach über Deinem Kopf, ein warmes Bett und einen Schreibtisch. Nicht mehr bei Deinen Eltern zu wohnen, ist etwas Neues für Dich? Dann wirf einen Blick ins folgende Kapitel.

5
NEUE BUDE, NEUES GLÜCK? ALLES RUND UMS UMZIEHEN UND WOHNEN

Früher oder später wirst Du das Bedürfnis haben, flügge zu werden und das heimische Nest zu verlassen. Zum Thema Wohnen und Leben bekommst Du jetzt allerlei Tipps.

DIE ERSTE EIGENE BUTZE!

Ein Traum wird wahr: Du beziehst Deine eigenen vier Wände, frei von elterlicher Kontrolle. Und endlich hörst Du keine Fragen mehr wie »Wann bist Du zu Hause?«, »Isst Du hier zu Abend?« oder Vorwürfe à la »Du schläfst aber lang!« Klingt herrlich. Du kannst bis in die Puppen schlafen, den Abwasch irgendwann machen, den Müll ruhig auch mal nicht rausbringen, essen wann Du magst und bis in die Morgenstunden feiern gehen. Eine eigene Wohnung bringt auf jeden Fall viel Freiraum mit sich. Nachteile gibt es natürlich auch. Es mag zwar logisch sein, dass ein Kühlschrank leer ist, wenn man nicht einkauft, die Wäsche dreckig bleibt, wenn man sie nicht wäscht und die Wohnung irgendwann mieft, wenn man den Müll nicht entsorgt. Trotzdem klappte das bei vielen noch wie von Zauberhand, als sie bei Mutter und Vater gewohnt haben. Komisch. Ich zitiere einen berühmten Comic:

»Große Macht bringt große Verantwortung mit sich.« Jetzt hast Du Freiraum, dafür musst Du auch alles allein machen. Na dann mal los.

WIE SOLL ICH WOHNEN?

Es gibt verschiedene Wohnmodelle: Der Klassiker unter Studenten ist die Wohngemeinschaft, also die WG. Doch auch das Studentenwohnheim ist beliebt, vor allem wenn man für das Studium in eine neue Stadt zieht. Eine eigene Wohnung für sich allein oder mit dem Partner zu mieten, geht natürlich auch. Laut der 2009 aufgestellten Sozialerhebung des Deutschen Studentenwerks (DSW) sind Wohnheime eine beliebte Alternative zur eigenen Mietwohnung, die bundesweit immerhin von etwa zwölf Prozent der Studierenden in Deutschland genutzt wird. Allein in einer Wohnung leben etwa 17 Prozent. Rund 26 Prozent der Studierenden entscheiden sich für ein Leben in einer Wohngemeinschaft, etwa zwanzig Prozent teilen sich die Wohnung mit ihrem Partner.[17]

Was am besten für Dich ist, kommt darauf an, welche Art von Mensch Du bist. Entscheide Dich nach den folgenden »Wohnprofilen«.

---

17 Quelle: www.studentenwerke.de/pdf/19SE_Hauptbericht.pdf (abgerufen 30. Mai 2013)

5.1
DIE WG

Eine typische Szene aus einer Männer-WG am Samstag: Der Fernseher läuft, klar, *Sportschau.* Einer der Jungs hat seine Freundin eingeladen, sie kochen. Der Duft von Tomatensoße durchzieht die ganze Wohnung. Einer der Mitbewohner liegt k.o. auf der Couch, schaut halbherzig die Zusammenfassung des aktuellen Bundesligaspieltages und versucht, seinen Kater in den Griff zu bekommen, der ihm als Relikt vom Vorabend geblieben ist und nun von innen gegen seine Stirn hämmert. Der Dritte ist Jurastudent und wollte eigentlich lernen. Er setzt sich schließlich aber doch neben seinen Mitbewohner auf die Couch und hofft darauf, noch etwas von den Nudeln abzubekommen, die der andere gekocht hat.

WGs können ganz schön nerven. Der Lärmpegel ist nicht immer im Voraus zu planen, manchmal schließt Du die Haustür auf und findest fünf Personen mehr im Wohnzimmer, als Du erwartet hattest. Nicht selten knallt mitten in der Nacht eine Tür ins Schloss und weckt Dich auf. Je nach Partyverhalten und Rücksichtnahme Deiner Mitbewohner kann das WG-Leben damit manchmal unangenehm sein. Wenn Du aber jemand bist, der gern viele Leute um sich herum hat und vielleicht gar nicht so gern allein ist, ist es perfekt für Dich.

DIE RICHTIGEN LEUTE ZUM ZUSAMMENZIEHEN

»Zieh bloß nicht mit der besten Freundin zusammen«, wurde mir immer wieder geraten. Ich habe es tatsächlich nicht ausprobiert, mit einer engen Freundin zusammenzuziehen. Bei manchen WGs zogen deren Bewohner als Freunde zusammen, um sich nach einer Weile des Zusammenwohnens schließlich als Nicht-Mehr-Befreundete nach neuen – separaten – Wohnungen umzusehen. Allerdings kenne ich gleichermaßen WG-Geschichten mit Happy End, obwohl man vorher schon befreundet war. Dafür gibt es keine Regel.

Du solltest Dir folgende Fragen stellen, wenn Du erwägst, mit Freunden zusammenzuziehen:

? Wie geht mein Kumpel und potentieller Mitbewohner mit Konflikten um, zum Beispiel wenn ich ihn auf ein Problem anspreche? Genauso wird er wohl reagieren, wenn es Probleme rund um den Haushalt zu klären gibt.

? Wie nachtragend ist er, wenn ich einen Fehler mache? So lange weht schließlich in meiner eigenen Wohnung ein eisiger Wind bis in mein Zimmer.

? Wie rücksichtsvoll war er bislang, wenn ich in einer schlechten Stimmung war? Deine Katze ist eben gestorben und er schmeißt eine Party bei Euch? WG-Stimmungskiller.

Das WG-Leben kann auch einfach richtig toll sein. Es entsteht eine Dynamik zwischen Euch in der Küche oder im Wohnzimmer oder in dem Zimmer, in dem Ihr am liebsten mit allen zusammen auf dem Boden oder auf der Couch sitzt, Musik hört und Endlosgespräche bis in die Nacht führt. Zusammen zu kochen, zu quatschen, Spiele zu spielen, Blödsinn zu machen und Partys zu feiern – das alles wird Dir das Gefühl geben, dass Du gerade die beste Zeit Deines Lebens hast.

JURASTUDIUM UND WG?

Das hört sich alles nach viel Spaß an, oder? Und Du musst eigentlich lernen ... egal! Dann lernst Du eben morgen, denkst Du Dir.

Meine Meinung: Das ewige Verschieben von studentischen Verpflichtungen geht (wenn überhaupt) nur am Anfang Deines Studiums gut. Früher oder später musst Du lernen, standhaft zu bleiben und auf manchen Spaß zu verzichten. Ich kann Dir jetzt schon sagen, dass das richtig schwerfällt. Der Studienrhythmus von Jura ist oft anders als der von anderen Studiengängen. So kann es sein, dass Du immer dann lernen musst, wenn andere faulenzen können und umgekehrt. Für diese Momente habe ich folgende Tipps:

Tipp eins: Geh morgens aus dem Haus und in die Bibliothek, wenn Du wirklich lernen musst. Dann sind Deine Mitbewohner noch nicht wach und können Dich später, da Du ja schon nicht mehr zu Hause bist, nicht mit Spaß locken und vom Lernen abhalten. **!**

Tipp zwei: Schlafe mit Ohropax in den Ohren. Dann kann Dir der Lärm schon von vornherein nichts anhaben. **!**

Eine WG mit Jurastudenten

Wenn Dein Studienrhythmus mit anderen Studiengängen nicht so gut zusammenpasst, kannst Du einfach mit Jurastudenten zusammenziehen. Aber auch das hat seine Vor- und Nachteile. Denn gerade in der stressigen Examensphase können viele Juristen oft die Anwesenheit anderer Juristen einfach nicht mehr ertragen. »Müssen wir immer über Jura reden?«, schallt es bereits in der Mensa während der Lernpause genervt quer über den Mittagstisch. Wenn Du selbst in Deinem Zuhause keinen Frieden vor dem Jurakram findest, kann das richtig anstrengend sein. Man sollte unbedingt ein paar Regeln aufstellen, dann klappt es sicher auch mit der Juristen-WG. Für Lerngruppen kann das Zusammenleben womöglich ganz praktisch sein. Mehr zum richtigen Lernen und der Examensvorbereitung findest Du in Kapitel 12 *Das Repetitorium.*

Was Du für eine WG mitbringen musst:

- Toleranz, Gelassenheit und Geduld
- Ohropax
- die Einrichtung für Dein eigenes Zimmer, nur Einzelteile des Wohnzimmers, nicht alles für die Küche
- einmalig Deinen Anteil der Mietkaution und
- monatlich Deinen Anteil der Miete

Vorteile:

- Finanzen, da Kaution, Miete und Anschaffungskosten geteilt werden
- Spaß und Ablenkung
- neue Kontakte und neuer Input auf vielen Ebenen

Nachteile:

- Spaß und Ablenkung zur falschen Zeit
- Lärm und Dreck, den man selbst nicht verursacht hat

Hast Du Dich in diesem Wohnprofil wiedererkannt? Hast Du Lust bekommen, in eine Wohngemeinschaft zu ziehen und weißt aber noch nicht mit wem? Bist Du bereit für ein kleines Abenteuer und Überraschungen, wie Deine Mitbewohner so ticken werden? Dann findest Du jetzt die verschiedenen Möglichkeiten, Dir eine WG zu suchen und schließlich auch eine passende zu finden.

Möglichkeit a) Über Freunde, Freunde von Freunden, Bekannte von Bekannten. Kurzum über Kontakte (auch in sozialen Netzwerken wie Facebook)

Möglichkeit b) Das Schwarze Brett an der Uni. Zum Studienstart suchen viele Leute neue Wohnmöglichkeiten oder neue Mitbewohner. Alle Unis haben ein Schwarzes Brett, an dem jeder alles Mögliche aushängen und anbieten kann. Häufig sind WG-Zimmer darunter.

Möglichkeit C) Suchmaschinen im Internet, zum Beispiel:

- **www.wg-gesucht.de**
- **www.studenten-wg.de**
- **www.zwischenmiete.de**
- **www.easywg.de**
- **www.zimmersucher.de**

Die Internetseiten sind gut besucht. Man muss fix mit der Bewerbung sein und sich auf einen kleinen Marathon von WG-Besichtigungen einstellen. Schließlich will man den potentiellen neuen Mitbewohner erst einmal kennenlernen! Selten klappt die WG-Suche auf Anhieb. Manche Interviews kannst Du sogar über Skype führen, falls Ihr Euch noch nicht in derselben Stadt befindet.

5.2 DAS STUDENTENWOHNHEIM

Eine andere Möglichkeit ist das Wohnen in einem Studentenwohnheim. Hier gibt es Doppelzimmer, die wahrscheinlich preiswerteste aller Varianten überhaupt, und Einzelzimmer. Eine typische Szene aus einem Studentenwohnheim:

Du sitzt an Deinem Schreibtisch, plötzlich klopft es an der Tür. Du machst auf und da steht Deine Zimmernachbarin und sagt: »Hey, die Jungs aus dem dritten Stock grillen auf dem Dach, hast Du Lust mitzukommen?« Kurzerhand schnappst Du Dir also noch schnell etwas zu trinken aus Deinem Fach im Kühlschrank in der

Gemeinschaftsküche und nimmst dann den Fahrstuhl in den fünften Stock.

Studentenwohnheime sind eine schöne Möglichkeit, um andere Studierende kennenzulernen und gleichzeitig billig zu wohnen. Die meisten sind nicht sehr luxuriös eingerichtet und sehen von außen auch schon aus wie ein Bombenschutzbunker. Die recht kleinen Zimmer sind häufig ausgestattet mit einem Bett, einem Schrank und einem Schreibtisch – was braucht ein Student denn sonst noch? Natürlich kann das variieren, sicherlich gibt es ebenso Studentenwohnheime mit Fitnesscenter im Erdgeschoss, klar, die sind dann eben nicht mehr so billig wie die spartanische Variante.

In Deutschland werden Studentenwohnheime überwiegend von den Studentenwerken betrieben, die Anstalten des öffentlichen Rechts sind. Es gibt aber auch viele private oder von der Kirche verwaltete Studentenwohnheime.[18] Die größte zusammenhängende Wohnanlage eines deutschen Studentenwerks ist die Studentenstadt Freimann in München.[19] Das größte selbstverwaltete Studentenwohnheim in Deutschland ist das Hans-Dickmann-Kolleg in Karlsruhe.[20]

Oft teilen sich die Bewohner eines Stockwerkes eine Küche. Die Kühlschränke sind häufig in einzeln verschließbare Fächer geteilt, sodass man hier den Überblick behält und keine Angst vor den Fressattacken seiner Zimmernachbarn haben muss.

---

18 Quelle: www.de.wikipedia.org/wiki/Studentenwohnheim (abgerufen 30. Mai 2013)

19 Quelle: www.stusta.mhn.de (abgerufen 30. Mai 2013)

20 Quelle: www.hadiko.de (abgerufen 30. Mai 2013)

Sammelduschen dürften hingegen eher selten vorkommen. Ein Badezimmer in Deinem Zimmer ist eigentlich Standard. In manchen Wohnheimen ist neben dem Bad auch eine Kochnische im Zimmer selbst integriert. Eine Übersicht mit vielen Informationen rund ums Wohnen und Bewerben findest Du auf der Homepage des Deutschen Studentenwerks unter **www.studentenwerke.de.**

JURASTUDIUM UND STUDENTENWOHNHEIM?

Mir fallen keine Gründe ein, weshalb das Leben im Studentenwohnheim mit Deinem Jurastudium kollidieren sollte. Wie schon bei der WG gibt es unter Umständen Ablenkung, was Dich vom Lernen abhalten könnte. Aber Ablenkung gibt es ja eigentlich überall. Im Studentenwohnheim kann außerdem niemand einfach in Dein Zimmer kommen und auch dic Lautstärke sollte sich in Grenzen halten, da es Regeln im Wohnheim gibt, eine Hausordnung, an die sich die Heimbewohner halten müssen.

Sich ein Zimmer zu teilen, ist allerdings eine besondere Zerreißprobe in Sachen Toleranz und Aufgabe der Privatsphäre. Das kann natürlich gut gehen, aber auch hier gilt: Geh zum Lernen lieber in die Bibliothek.

Was Du für das Studentenwohnheim mitbringen musst:

- Toleranz gegenüber anderen Bewohnern, die Du in Küche, Aufenthaltsraum usw. triffst

- Ohropax, falls es nachts doch mal lauter werden sollte oder Du Dir ein Zimmer teilst

- kaum Einrichtung, ein Grundstock an Möbeln wird vorhanden sein, die Küche ist vollständig

- Deko für Dein Zimmer: Poster, Fotos, eventuell schönere Vorhänge und so weiter

- eine Mietkaution und monatlich die Miete

- Kleingeld für die Waschküche

Vorteile:

- So wenig Miete wie hier zahlt man sonst nirgends!
- Du musst nicht selbst putzen – oftmals gibt es Putzpersonal, das wöchentlich kommt.
- Es gibt viele andere Studenten (auch aus anderen Studiengängen): Du kannst schnell Kontakte knüpfen und viele Leute kennenlernen.
- Es gibt oft Partys, Veranstaltungen wie etwa Barbecues oder sogar Podiumsdiskussionen zu bestimmten Themen (wie weit das Angebot hier reicht, hängt vom Engagement der Belegschaft ab).

Nachteile:

- Du kannst nicht alles in Deinem Zimmer so gestalten, wie Du willst.

- Sollte es keine Kochnische, sondern eine Gemeinschaftsküche geben, musst Du oft mit dem Dreck anderer dort zurechtkommen.
- Manche Wohnheime haben eine, sagen wir mal, schwierige Politik bezüglich möglicher Übernachtungsgäste.
- Du musst natürlich Student sein, um hier wohnen zu dürfen, wer exmatrikuliert wird, muss sich also auch eine neue Bleibe suchen.

Alles in allem kann man in einem Studentenwohnheim richtig lustige Erfahrungen sammeln. Beim Start in einer fremden Stadt halte ich persönlich ein Studentenwohnheim für die perfekte Lösung. Du kannst schließlich hier beginnen und erst im Anschluss, wenn Du etwa im zweiten, dritten oder vierten Semester bist und Freunde gefunden hast, in eine WG umsiedeln.

!

Tipp: Bewirb Dich sehr früh um einen Platz im Studentenwohnheim, denn es stehen von den insgesamt in Deutschland existierenden 58 Studentenwerken zwar rund 180.000 Wohnplätze zur Verfügung,[21] trotzdem gibt es aufgrund der hohen Nachfrage Wartelisten.

Du bist interessiert an einem Platz in einem Studentenwohnheim? So viele Möglichkeiten wie bei der WG-Suche hast Du hier nicht. Du musst Dir den Trägerverband der Wohnheime raussuchen und Dich dann dort erkundigen und bewerben. Welche Anforderungen hier an Dich gestellt werden, ist unterschiedlich, Gehaltsnachweise Deiner Eltern beziehungsweise BAföG-Nachweise und

21 Quelle: www.studentenwerke.de/main/default.asp?id=07100 (abgerufen 30. Mai 2013)

auch der Nachweis, dass Du überhaupt Student bist, gehören mit dazu. Die drei folgenden Links können Dir die Suche erleichtern:

- **www.studentenwerke.de** (hier findest Du die Liste der Studentenwerke der Städte im Einzelnen)
- **www.katholische-studentenwohnheime.de**
- **www.whok-studentenwohnheim.de** (für Oldenburg, Osnabrück, Hannover und Hamburg)

Viel Glück und Erfolg bei Deiner Bewerbung. Und nicht vergessen, der frühe Vogel fängt den Wurm!

5.3 DIE EIGENE WOHNUNG

Tür zu. Stille. Ruhe. Ist das schön! Wenn Du so empfindest und der Typ Mensch bist, der das Alleinsein genießen kann, und Du Dir außerdem die Miete für eine eigene Wohnung leisten kannst, sind die eigenen vier Wände ohne Mitbewohner wohl das Richtige für Dich. Bezüglich der Finanzierung Deiner Wohnung hast Du ja bereits in Kapitel 3 *Das liebe Geld – die Finanzierung des Studiums* ein paar Vorschläge und Tipps bekommen.

Zur eigenen Wohnung ist eigentlich nicht viel mehr zu sagen. Da wohnst dann eben nur Du allein. Niemand, der stört, aber auch niemand, der ab und zu an Deine Tür klopft und fragt, wie es Dir geht. Es ist niemand da, der für Dich ein leckeres Abendessen mitgekocht hat, aber auch niemand, dessen Abwasch im Spülbecken vergammelt. Ich konnte in meinem Umfeld beobachten, dass Einzelkinder oder Kinder mit nur einem Geschwisterkind in WGs zwar auch zufrieden waren, aber erst so richtig glücklich wurden, als sie schließlich in eine Einzelwohnung gezogen waren. Das ist trotzdem keine auf alle Fälle anwendbare Regel.

Eigene Wohnungen findest Du wiederum an unterschiedlichen Orten:

1) Natürlich wieder über Kontakte. Die Wohnung eines anderen direkt zu übernehmen, kann Vorteile bringen, wie etwa Möbel, Einbauküche etc., die man oft preisgünstig übernehmen kann.

2) Zeitungen. Viele Makler und Hausverwaltungen inserieren oft vor dem Einstellen des Objekts ins Internet zuerst in Zeitungen, um eine begrenztere Klientel anzusprechen. Der ausführliche Immobilienanzeigenteil ist immer samstags in den Zeitungen zu finden.

3) Das Schwarze Brett an der Uni

4) Suchmaschinen im Internet, zum Beispiel:

- **www.immonet.de**
- **www.immobilienscout24.de**
- **www.zwischenmiete.de**
- **www.wohnungsmarkt24.de**

Die richtige Wohnung zu finden, ist aber trotz aller Suchmaschinen und Inserate schwer und wird immer schwieriger, vor allem in Großstädten. Allgemeiner Wohnungsmangel und Erhöhung der Mietpreise stehen zwischen Dir und Deiner Traumwohnung. Deshalb will ich Dir noch ein paar gute Tipps geben, die Du bei Deiner Suche in jedem Fall beachten solltest, ob Du die Wohnung nun allein anmietest, mit dem Partner oder mit Mitbewohnern.[22]

Kompromisse bringen dich weiter! Es gibt an fast jeder Sache einen Haken. Sollte die im Internet gefundene Wohnung, mit bezahlbarem Preis, 120 Quadratmeter haben, inklusive Fischgrätenparkett, Einbauküche, Fahrstuhl, Balkon, Dachterrasse und Jacuzzi-Badewanne in Toplage, wird wahrscheinlich neben dem Angebot ein »Hier-die-Kaution-vorab-überweisen«-Button leuchten. Das kann ja nur Betrug sein! Du solltest Dir vorher überlegen, was Dir wichtig ist. Balkon oder Badewanne? Alt- oder Neubau? Nicht vergessen: Jede Spielerei, die eigentlich nicht überlebensnotwendig ist, führt zu höheren Mietpreisen. Also schraub die Erwartungen runter. Mein Tipp: Nimm die Badewanne anstatt des Balkons – in Deutschland sind schließlich etwa neun Monate lang Winter!

Ganz wichtig: Sei gut vorbereitet bei der ersten Besichtigung der Wohnung.

---

22 Quelle: www.stern.de (abgerufen 30. Mai 2013)

Eine Bewerbungsmappe ist absolutes Einlass-Kriterium für Wohnungsbesichtigungen geworden. In Großstädten warten gern mal vierzig und mehr Personen vor der Tür, um die Wohnung zu besichtigen, die ja eigentlich Du haben wolltest. Deine vollständige Mappe kann Dich von den anderen Bewerbern positiv abheben.

Du bist Student, und dann auch noch Jurastudent – nicht gerade der Lieblingskandidat für Vermieter. Unsere Spezies ist bekannt dafür, dass sie ständig an allem herummäkelt, so auch an der Beschaffenheit der Wohnung. Wir rechnen gern mal die Betriebskosten nach und wollen immer gleich die Miete mindern. Also binde Deinem potentiellen Vermieter nicht ungefragt auf die Nase, dass du Jura studierst. Das kommt oft nicht so gut an.

Dokumente, die in Deine Bewerbungsmappe gehören:

Schufa-Auskunft

Die Schufa-Auskunft ist der Beweis dafür, dass Du schuldenfrei bist. Man nennt sie auch Bonitätsauskunft. Schufa steht für »Schutzgemeinschaft für allgemeine Kreditsicherung«.
Der Auskunftsantrag kann über das Internetportal **www.meineschufa.de** oder in einem der Schufa-Servicezentren gestellt werden. Einmal im Jahr ist er kostenlos, ansonsten kostet er um die zwanzig Euro.

Bürgschaft
Du bist Student und hast kein eigenes Einkommen. Ein 450-Euro-Job reicht als Einkommen nicht aus. Deshalb müssen Deine Eltern, Großeltern oder eine andere Person, die Dir vertraut und helfen will, eine Bürgschaftserklärung unterschreiben. Vordrucke hierzu findest Du im Internet, sie kann aber auch von Deinem Bürgen selbst formuliert und schriftlich festgehalten werden. **Wichtig dazu: Ausweiskopie des Bürgen und Gehaltsnachweis.**

Ausweiskopien
Und zwar Dein Ausweis und der der anderen Mieter mit denen Du zusammenziehen willst. Am besten klärt Ihr vorher, wer Hauptmieter werden soll.

Bestätigung über Mietschuldenfreiheit
Solltest Du vorher schon eine Wohnung gemietet haben, ist gegebenenfalls die Bestätigung Deines Vermieters darüber, dass Du immer fleißig die Miete gezahlt hast, nötig. Auf jeden Fall ist sie hilfreich.

Ziehe in einen Stadtteil, der erst noch hip wird

!

Du hast eine Wohnung im Internet gefunden, das Exposé gefällt Dir sehr gut und die Fotos hauen Dich richtig um. Leider kennst

Du die Stadt, in die Du ziehen wirst, noch gar nicht und weißt nicht, ob Du drauf und dran bist, in die schäbigste Gegend der Welt zu ziehen. Viele Vermieter preisen ihre Wohnung nämlich mit »Toplage« oder »der berühmte ...kiez« an. Was Du nicht weißt: In Wirklichkeit traut sich nicht einmal der zwei Meter große und zwei Meter breite, mit Tattoos und Piercings übersäte Türsteher des angesagtesten Clubs der Stadt in Deine neue Nachbarschaft. Wie findest Du das heraus? Eine Möglichkeit, sich über die jeweilige Wohnlage zu informieren, bietet die Seite www.immobilien-kompass.de. Hier gibst Du den Namen der Straße ein und findest Bewertungen der Wohnlage.

Trotzdem muss man nicht unbedingt in die angesagteste Gegend ziehen. Vor allem Großstädte unterliegen einem ständigen Wandel. Schon morgen kann Deine Ecke der neue Szenekiez sein. Das hängt meist davon ab, wie viele Ausgehmöglichkeiten vorhanden sind. Findest Du jetzt schon ein paar Bars oder Cafés und am Wochenende einen Markt in Deiner Gegend? Dann hast Du gute Chancen, bald im hipsten Teil der Stadt zu wohnen, allerdings zu besseren Mietpreisen als alle, die nach Dir kommen werden. Oder Du suchst gleich in der Nähe des jetzt schon angesagten Viertels. Angrenzende Stadtteile sind preiswerter, aber der Weg ist nicht weit.

▶ In diesem Fall ist Reden Gold

Geh mit Deinem Wunsch umzuziehen hausieren! Ein Großteil aller Wohnungen kommt gar nicht erst auf den Wohnungsmarkt, in die Zeitungen und ins Internet. Sie werden direkt unter der Hand weitergegeben. Versuche möglichst allen Bekannten klarzumachen, dass sie sich umhören sollen, ob irgendjemand eine passende Wohnung für Dich hat. Irgendwer kennt immer irgendwen.

Jetzt hast Du hoffentlich das richtige Werkzeug von mir an die Hand bekommen, um Dein neues Zuhause möglichst schnell zu finden. Es liegt nicht in Deiner Heimatstadt? Kein Problem, ein Abenteuer erwartet Dich!

5.4
WEG VON DAHEIM: UMZIEHEN IN EINE ANDERE STADT

Wenn Du den Entschluss gefasst hast, für Dein Studium in eine neue Stadt umzusiedeln, findest Du hier einige Tipps, die Dir den Start erleichtern sollen.

DIE UNTERKUNFT

Zuerst die Wohnung besorgen! Ob WG, Einzimmerwohnung oder Studentenwohnheim. Ohne feste Bleibe zieh lieber noch nicht mit Sack und Pack los. Das kann nach hinten losgehen und Du stehst schließlich in einer fremden Stadt mit Deinem Zeug auf der Straße. Einer Bekannten von mir ist das passiert. Ein trister Studienanfang. Die ersten zwei Wochen lebte sie dann in einem Youth Hostel und teilte sich ein Sechsbettzimmer. Schließlich kam sie mit Glück in einem Studentenwohnheim unter. Puh. Viel Stress, weil schlecht vorbereitet.

DER UMZUG – FREUNDE REKRUTIEREN

Hast Du Deine Unterkunft besorgt, heißt es einen guten Zeitplan aufzustellen, um den Umzug rechtzeitig zu organisieren.

Sprich viele Freunde an, die mit Auto, die ohne. Macht einen kleinen Ausflug in die neue Stadt. Mietet einen Umzugswagen, falls Du viele Deiner Sachen mitnehmen willst, aber denk daran: Ab jetzt zählt (und kostet) jeder Tag. Einer von Euch muss das Ding schnellstmöglich wieder zurückgeben. Das ist leider oft nur in der Heimatstadt möglich, eben dort, wo man den Wagen gemietet hatte. Kennst Du jemanden mit Van? Perfekt! Wenn nicht, dann überleg Dir, ob nicht eine Fahrt ins nächste Möbelhaus gemeinsam mit Freunden, Eltern, Geschwistern als erster Ausflug in Deiner neuen Umgebung spaßig sein kann.

!

Tipp: Lade Dir gleich für die ersten Wochenenden ein paar Freunde aus der Heimat ein! So könnt Ihr gemeinsam auf die ersten Studentenpartys gehen, die eine oder andere Bar ausprobieren und nette Cafés in Deiner Gegend erkunden. Allein ist am Anfang alles schwieriger.

DAS ERSTE WOCHENENDE ALLEIN? – ICH FAHR NACH HAUS ZU MUTTI

Nein, nein, nein. Diesem Impuls, gleich nach Hause fahren zu wollen, sollte man nicht nachgeben, auch wenn der Kühlschrank leer ist. Augen zu und durch heißt es in Sachen Heimweh. Besonders blöd ist es, wenn diejenigen, die man in der ersten Woche kennengelernt hat, erzählen, sie führen gleich am ersten

Wochenende nach der Einführungswoche an der Uni nach Hause. Es gibt zwei Möglichkeiten, um einsamen Wochenenden entgegenzuwirken:

1. Unternimm etwas allein. Es gibt Märkte, Ausstellungen, Parks, Kinos, Geschäfte, Theater und vieles mehr in jeder Universitätsstadt. Also nichts wie raus aus der Bude, weg von Skype, Facebook und anderem virtuellen Futter für Heimweh und Neues erleben!

2. Freunde Dich von vorneherein mit Leuten an, die aus der neuen Stadt kommen. Wenn nicht in der ersten Woche, dann eben in der zweiten. Ehrlich gesagt, sind die Einheimischen oft etwas schwerer »zu knacken«, denn sie sind im Gegensatz zu Dir als Neuling ja gar nicht auf neue Bekanntschaften angewiesen. Sie haben schließlich ihre Schulfreunde noch in Reichweite. Trotzdem ist das Studentenleben auch für sie neu und mit Sicherheit wollen auch sie andere Leute kennenlernen.

Vorteil der Einheimischen: Sie kennen sich aus in der Stadt.

Vorteil der Neuen: Sie liefern andere Blickwinkel, wollen alles entdecken und suchen meistens nach den Trends, die an Einheimischen auch mal vorbeigehen, während sie Stammcafé und Stammbar besuchen.

Wenn Du also Deine Familie oder Freunde vermisst, lade sie zu Dir ein und zeige ihnen, was Dein neues Reich zu bieten hat.

Mach Dein eigenes Ding

Was ist so schlimm daran, Zeit mit sich allein zu verbringen? Nichts, Du bist es womöglich einfach nicht gewöhnt. Alleinsein kann Dir helfen, Dich zu orientieren und selbstständiger zu werden, auch wenn es am Anfang Mut erfordert. Aber eines steht fest und gilt auch für Auslandsaufenthalte: Die schwere Zeit am Anfang geht vorbei. Die ersten paar Tage oder Wochen sind ungewohnt und womöglich einsam, aber wenn man sich selbst sagt: »Ich weiß, dass es richtig cool wird«, und auch darauf vertraut, dann geht es schnell besser.

Und außerdem lernst Du schnell neue Leute kennen – Deine Kommilitonen. Und wie werden die wohl sein? Lies das nächste Kapitel bitte mit gesundem Argwohn und genügend Ironie.

6
DEINE MITSTREITER – DIE KOMMILITONEN

Jura ist ein Massenstudiengang. In Deutschland sind rund 236.000 Studenten[23] für Rechts-, Wirtschafts-, und Sozialwissenschaften eingeschrieben, es gibt etwa 100.000 Jurastudenten. Denkt man an Juristen, denkt man schnell an den konformen Einheitsmenschen, Burberry-Schal und Dufflecoat, Aktentasche ab dem ersten Semester und Papas Sportwagen. Doch von 100.000 können ja wohl nicht alle so sein, oder doch? Wenn Du wissen willst, wie die Leute über Dich sprechen werden, sobald Du zu den Juristen zählst, kommen hier ein paar Klischees und Halbwahrheiten auf Dich zu.

6.1
DAS KLISCHEE: DER JURASTUDENT

Der Jurist ist schon eine Spezies für sich. Ein Hauch englischen Adels umweht ihn, während er kurz vor der Vorlesung sein Handicap auf dem Golfplatz verbessert. Der karierte Schal im Winter,

23 Quelle: www.destatis.de/DE/ZahlenFakten/GesellschaftStaat/BildungForschung Kultur/Hochschulen/Tabellen/StudierendeErstesFSFaechergruppen.html (abgerufen 30. Mai 2013)

die karierte kurze Hose im Sommer. Markenpoloshirts und -hemden müssen mit aufgestelltem Kragen getragen werden. Und natürlich in knalligen Farben, denn der Jurist darf Farbe bekennen. Dazu Segeltuchschuhe. Die Haare sind länger als die von Studenten anderer Fachrichtungen, aber natürlich nicht im Grunge-Look, oder als Pferdeschwanz zusammengebunden wie bei den Hippies, die Germanistik und sozialen Kram studieren, nein, mit Gel wird die Haarpracht in Form gebracht. Ein glänzender Wetlook auf dem Kopf ist bei Männern das Äquivalent zum Lipgloss der Jurastudentinnen.

Abgerundet wird das Outfit durch das passende Siegerlächeln. Juristen sind schließlich Siegertypen. Nichts kann sie aus der Fassung bringen. Wie auch? Sie haben schließlich immer einen Stock dabei, der sie quasi aufrecht hält. Den sieht man aber nicht.

Jurastudenten sind aber vor allem dann schon von weitem auf dem Campus zu erkennen, wenn Sie im Anzug daherkommen. Der schwarze Dreiteiler und die Aktentasche aus schwarzem Leder wirken durch das rote Gesetz, das man sich zwischen Unterarm und Brust klemmt, besser als an jedem Model. Um nicht nur auszusehen wie ein Wichtigtuer, sondern sich auch so zu verhalten, sind Gestik und Mimik wichtig: Gerade stehen, sich nicht auf Wiesen lümmeln, sondern auf Bänken sitzen, wenn es überhaupt nötig ist, sich draußen aufzuhalten. Echte Juristen sitzen sowieso nur in der Bibliothek. Und wenn man sie dann doch mal in kurzen Hosen an der frischen Luft antrifft, dann auf dem Weg zum Tennis- oder Golfplatz.

6.2 DAS KLISCHEE: DIE JURASTUDENTIN

Eine Perlenpaula! Das ist die weibliche Juristin. Auch hier sind Poloshirts der Renner. Perlenohrringe und die passende Kette um den Hals sorgen für die nötige Noblesse. Ohne Make-up aus dem Haus? Nicht möglich! Man könnte schließlich an jeder Ecke auf Personen treffen, die es zu beeindrucken gilt. Dafür braucht man bekanntlich ganz viel rosafarbenes Rouge auf den Wangen, oder? Die Sonnenbrille dient im Sommer als Haarreif, im Winter müssen die Ohren leider frieren, denn weder Mütze noch Stirnband dürfen die Frisur ruinieren. Die perfekt geglätteten Haare hält ein Haarreif mit kleinem Schleifchen von der Stirn fern.

Eine Jeans darf für einen lässigeren Look natürlich getragen werden, aber nicht ohne mindestens zwanzig Prozent Stretchanteil – hauteng. Besser noch wäre die »Jeggins«, sieht nur aus wie eine Jeans, ist aber eigentlich mehr Leggins. Darüber im Winter: Die kniehohen Lederstiefel im Reiterstil. Im Sommer trägt Perlenpaula die niedlichen Ballerinas, flache Schuhe, in die es sich barfuß schlüpfen lässt. Hier ziert meist eine kleine Schleife wiederum die Spitze des Schuhs.

Ultimatives Accessoire für die echte Juristin ist die kleine Edel-Plastiktasche mit Ledergriff, wahlweise in verschiedenen Farben, doch vor allem in Braun und Schwarz beliebt. Den Henkel schiebt sich Perlenpaula in die Armbeuge und nicht über die Schulter. Anstelle eines Apfels bringt sie ein kleines weißes Notebook mit zu jeder Vorlesung, das gerade so in ihre Tasche passt, aber nach oben für alle sichtbar hinausguckt. Darauf tippt die Jurastudentin dann fleißig Wort für Wort mit, was der Professor neunzig Minuten lang vorträgt. Am Wochenende hat die Juristin kaum Zeit zum Lernen, denn da müssen Reitstunden absolviert werden. Und nach dem Shopping steht das große Familiendinner an, bei dem die Geschäftspartner der Eltern kennengelernt werden, die mit Praktikumsplätzen winken.

6.3 DIE INNERE EINSTELLUNG, WIE DENKEN JURISTEN?

Doch Schluss jetzt mit der Oberflächlichkeit – beurteile ein Buch nicht nach seinem Einband, so, oder so ähnlich heißt es doch, oder? Juristen sind natürlich nicht nur von außen zu erkennen, auch die innere Einstellung muss stimmen. Als Jurist bist Du immer auf der Suche nach Lösungen. Aber vorher, schon im Studium, wirst Du zu allererst auf der Suche nach Problemen sein. Den Sachverhalt einer Klausur liest der Jurist mit Argwohn und der ständigen Frage im Kopf »Wo ist der Haken?« Kommt Dir etwas einfach vor? Das ist der Moment, in dem Du Panik bekommen darfst, denn das kann nur heißen, dass Du etwas übersehen hast. Damit sind Klischee-Juristen also Skeptiker. Das zieht sich auch gern mal mit ins Privatleben hinein: Misstrauen ist des Juristen bester Freund. Kein Haus oder Auto ohne Alarmanlage, kein Vorgarten ohne Wachhund, kein Wachhund ohne Leine und selbst kein Schaumbad ohne Schwimmflügel – bei Juristen ist alles dreifach abgesichert und niet- und nagelfest.

6.4
WIE FEIERN JURISTEN?

Es gibt zwei Arten von Juristen: die einen sind zwar im Jurastudium eingeschrieben, gehen aber zu keiner Lehrveranstaltung. Sie bezahlen andere dafür, ihnen ihre Hausarbeiten zu schreiben und tummeln sich in den Clubs und Discos, tanzen und trinken die ganze Nacht, bis sie am Mittwoch »in die Woche starten«, um am Donnerstag das nächste Wochenende einzuläuten. Diese Jurastudenten werden niemals echte Juristen.

Die andere Art Jurastudent ist einfach immer zu müde zum Weggehen. Nicht in den ersten Semestern, da sind noch alle normale Studenten, liegen frei und froh auf den Wiesen in Parks, grillen am Wochenende, fahren zum See und gehen abends in Bars, Kneipen und Clubs. Am Montag wird die erste Vorlesung nicht immer pünktlich besucht, aber dennoch schafft man alles irgendwie und schlängelt sich mit Noten, die in Ordnung sind, bis in die Phase des Repetitoriums, also die Phase der intensiven Examensvorbereitung.

Sich gegen das Strebersein während der Examensphase innerlich aufbäumend, versucht der ein oder andere sich am Wochenende für das Ausgehen mit den alten Freunden – Nichtjuristen – zu motivieren. Zu Beginn kann das noch klappen. Doch je näher das Examen rückt, umso weniger schmeckt das Bier, da es den bitteren Beigeschmack des schlechten Gewissens annimmt. Dann bekommt man von seinen Nichtjuristen-»Freunden« auch noch Witze zu hören. Einer geht so: »Kommt ein Jurist in eine Bar ...«. Hier ist der Witz vorbei und die Nichtjuristen schmeißen sich weg vor Lachen. Da können Jurastudenten nur die Mundwinkel verziehen und ganz mies kontern mit: »Ich mache den schwersten Abschluss Deutschlands!« Allerhöchstens Mediziner gelten als einzig würdige Mitstreiter. Aber Bachelorstudenten? Pah! Über diese Spaßstudiengänge kann man doch nur lachen!

Mit dieser Einstellung versucht der Jurist seine Moral zum Lernen in der schwierigen Endphase seines Studiums hochzuhalten. Die meisten kriegen sich nach dem Examen auch wieder ein.

6.5 DIE SPRACHE DER JURISTEN – DAS ULTIMATIVE MERKMAL

Juristisches Sprechen und Schreiben ist ganz offiziell in deutscher Sprache vorzunehmen. Ja, sogar das steht auch im Gesetz: § 184 GVG: »Die Gerichtssprache ist deutsch.« Im selben Artikel gibt es eine einzige Ausnahme, die gilt für die nationale Minderheit der Sorben. Die dürfen natürlich sorbisch sprechen. Allerdings gibt es keine Ausnahme für Fachidioten-Latein. Trotzdem hat es sich eingebürgert, in hochgestochener Schnöselsprache Sätze von derartiger Länge, in Anpassung an den deutschen Sprachgebrauch, verschachtelt, mitunter verschroben, zu kreieren, die gerade dadurch abhorrens, um nicht zu sagen unverständlich werden, als sie mit Fachworten – am liebsten lateinischen Ursprungs – angereichert und somit prolongiert werden und eben dadurch oder vielleicht sogar in der besonderen Absicht hierdurch ein offensichtliches Chasma als Kluft zwischen Normaldeutsch und Juristendeutsch zu schaffen.

Keiner mag solche Sätze! Geh deshalb lieber sparsam mit ihnen um. Klar, schreib Deine Hausarbeiten nicht genau so, wie Du mit Deinen Kumpeln sprichst. Aber drifte auch nicht ab in eine Sprache, die die Korrektoren nervt und in ihrer Art eher zeigt, dass Du nicht souverän mit dem Stoff umgehen kannst und das vertuschen willst, indem Du »so tust als ob«.

WIESO SPRECHEN JURISTEN ANDERS ALS NORMALE MENSCHEN?

Auch in den Gesetzen selbst stehen Sätze, die man erst ein paar Mal gelesen haben muss, bis man versteht, was da eigentlich gemeint ist. Da es Dein täglich Brot ist, gewöhnst Du Dich eventuell irgendwann daran. Schließlich sind die meisten Gesetze auch schon ein paar Jahre alt, das BGB zum Beispiel trat schon 1900 in Kraft. Vielleicht hat man damals ja noch so gesprochen. Aber es ist eine Tendenz zu erkennen, dass viele Juristen sich gern vom Nichtjuristen-Pöbel absetzen und ganz bewusst so sprechen, dass sie eben nur von ihresgleichen verstanden werden. Ist das reine Wichtigtuerei? Man will sich ja auch nicht überflüssig machen und dafür sorgen, dass jeder das Gesetz lesen und einwandfrei verstehen kann. Nicht jeder versteht auch die Urteile der Gerichte, die allerdings für das ganze Volk verständlich sein sollten. Den Hang zum Juristendeutsch kann man auch den obersten Richtern nicht ganz austreiben.

DEFINIERE DIE DEFINITION DER DEFINITION

Wahnwitzig wird es vor allem dann, wenn alltägliche Dinge eine nietenreine Definition benötigen. Als kleines Kind saß man unterm Weihnachtsbaum und bekam die erste Spielzeugeisenbahn geschenkt. Die Mama sagte: »Die Bahn macht tuuut-tuuut« und seit man schließlich das erste Mal Zug gefahren ist, weiß man eigentlich ziemlich genau, was eine Eisenbahn ist. Eine genaue Definition scheint da überflüssig. Ist sie aber nicht. Nicht für Juristen. Das wusste schon das Deutsche Reichsgericht und definierte:

»Eine Eisenbahn ist ein Unternehmen, gerichtet auf wiederholte Fortbewegung von Personen oder Sachen über nicht ganz unbedeutende Raumstrecken auf metallener Grundlage, welche durch ihre Konsistenz, Konstruktion und Glätte den Transport großer Gewichtmassen, beziehungsweise die Erzielung einer verhältnismäßig bedeutenden Schnelligkeit der Transportbewegung zu ermöglichen, bestimmt ist, und durch diese Eigenart in Verbindung mit den außerdem zur Erzeugung der Transportbewegung benutzten Naturkräften (Dampf, Elektrizität, tierischer oder menschlicher Muskeltätigkeit, bei geneigter Ebene der Bahn auch schon der eigenen Schwere der Transportgefäße und deren Ladung, u. s. w.) bei dem Betriebe des Unternehmens auf derselben eine verhältnismäßig gewaltige (je nach den Umständen nur in bezweckter Weise nützlich, oder auch Menschenleben vernichtende und die menschliche Gesundheit verletzende) Wirkung zu erzeugen fähig ist.«[24]

Mit all dem nötigen Respekt gegenüber dem Deutschen Reichsgericht klingt das doch recht plemplem. Allerdings braucht der Jurist nun einmal Definitionen. Wenn man Dinge nicht an Begriffen festmachen kann, bleibt alles im Vagen und wenn alles im Vagen und Undeutlichen, ja Undefinierbaren bleibt, dann kann man nicht eindeutig sagen: Du hast Recht und Du da hast nicht Recht. Also doch nicht so plemplem.

Ein anderes Beispiel ist ein Fall des Europäischen Gerichtshofs (EuGH) aus den 1990er Jahren.[25] Es ging um einen Unternehmer, der angab, »Kleidungsstücke aus Gewirken zur Bedeckung des Oberkörpers« zu importieren. Er wollte für diese Hemden aber nur den Zollsatz für Nachthemden zahlen, der unterhalb dessen lag, was das Hauptzollamt für Kleider verlangte. Die EuGH-Richter hatten also zu definieren, was so ein Nachthemd überhaupt ausmacht. Und kamen zu folgendem Schluss: Ein Nachthemd ist »Unterkleidung, die nach ihren objektiven Merkmalen dazu bestimmt ist, ausschließlich oder im Wesentlichen im Bett getragen zu werden.«[26]

Zum Glück wurde das mal geklärt. Na ja. Manches in der Juristerei kommt einem vielleicht etwas albern vor. Ist es irgendwie auch. Es gibt immer wieder hanebüchene Urteile und sogar lustige Paragrafen, wie etwa § 963 BGB zur Vereinigung von

---

24 Quelle: RGZ 1, 247, 252; Das Deutsche Reichsgericht war von 1879 bis 1945 das oberste Straf- und Zivilgericht Deutschlands mit Sitz in Leipzig.

25 Quelle: www.kanzlei-blaufelder.com (abgerufen 30. Mai 2013)

26 EuGH, 20. November 1997 – C – 338/95

Bienenschwärmen. Jetzt soll noch einmal jemand sagen, Jura sei trocken. Dabei wird hier gelacht ohne Ende.

6.6 DIE WAHRHEIT ÜBER JURASTUDENTEN

Es gibt sie wirklich diese Typen. Im ersten Semester, Anzug und einen *Schönfelder* unterm Arm (das ist die riesige Gesetzessammlung, von der Du im ersten Semester auch nur zwei Gesetze brauchen wirst). Oder die Überfleißigen, man nenne sie freundschaftlich »Streber«, die alles mittippen, von der Begrüßung bis zum »Wir sehen uns nächste Woche« des Professors. Schnell werden sich die Grüppchen Gleichgesinnter bilden. Die Streber, die Perlenpaulas und Jura-Boys, die, die eigentlich was anderes studieren wollten und die vermeintlich Coolen.

Schon bei den Einführungsveranstaltungen werden einige der Mitstreiter eindeutig als Jura-Boys und als Perlenpaulas erkennbar sein. Willst Du aussehen wie ein Klischee-Jurist, ist nicht der Talar das erste Kleidungsstück, zu dem Du greifen musst. Auch sind viele Juristen tatsächlich in Burschenschaften organisiert und haben reiche Eltern, die selbst Juristen sind. Aber eben nicht alle. Wie schon gesagt: Jura ist ein Massenstudiengang. Hier gibt es jede Art von Mensch, vor allem in den ersten Semestern. Die Hörsäle werden überlaufen von einer buntgemischten Menge neuer Gesichter, so wie jedes Semester, wenn Neuanfänger den Campus stürmen. Ein Phänomen, das ich selbst beobachten konnte:

Nach und nach leert sich die Mensa, je weiter das Semester voranschreitet. Ebenso die Hörsäle. Und je weiter Du in den Semestern aufsteigst, desto weniger Kommilitonen wirst Du haben. Wahrscheinlich kommen mit der Zeit neue hinzu, nicht nur von anderen Unis, sondern auch aus höheren Semestern, die Du eingeholt hast. Oder Du wurdest eingeholt von den Semestern nach Dir. Damit ist die Wahrheit über die Klischee-Juristen: Es gibt sie wirklich! Aber es gibt eben auch andere, nämlich diejenigen, die sich nicht in Schubladen stecken lassen. So wie Du selbst, oder?

FINDE DEINEN STIL

Du wirst Dich sicherlich im Studium in Sachen Stil erst orientieren, dann vielleicht umorientieren, und schließlich Deinen eigenen Stil finden. Am Anfang des Studiums lange Haare und Ziegenbart, erscheint der männliche Jurist nicht selten mit Kurzhaarschnitt und gut rasiert zu seiner mündlichen Examensprüfung. Vielleicht lässt er sich den Ziegenbart danach wieder wachsen – schließlich sind bei der mündlichen Prüfung die Prüfer mit Augen und Ohren dabei. Wer sich nicht striegelt, könnte negativer bewertet werden. Davor hat zumindest jeder Prüfling Angst und zieht sich aus Respekt gepflegt an.

Du kannst natürlich immer machen und anziehen, was Du willst. Aber ein kleiner Tipp: Verzichte auf den Anzug in der Uni. Damit bist Du so overdressed, dass Dich die Leute mit einem Professor verwechseln könnten.

DEINE FREUNDE, DIE KOMMILITONEN

Damit noch etwas zum Stichwort Kommilitonen. Es gibt wie gesagt so viele von ihnen und wer klug ist, macht sich die meisten davon lieber zu Freunden. Das ist jetzt Dein Kreis, Dein Umfeld und irgendwann wird Dein Lebensmittelpunkt (damit meine ich die Arbeitsstelle) mit diesen Leuten gefüllt sein. Viele Professoren und Dozenten sagen zu Beginn ihrer ersten Vorlesung: »Schauen Sie nach links und nach rechts, am Ende Ihres Studiums werden diese Menschen nicht mehr da sein!« Sollte Dein Professor das sagen, dann frag doch gleich mal, wie die beiden da neben Dir heißen, denn vielleicht sind sie ja am Ende des Studiums doch noch da. Wer sich Verbündete macht, der lernt besser, denn wer in den Pausen lachen kann, sammelt Energie, um danach weiterpauken zu können. Denn das Hirn schaltet mal komplett ab und natürlich wirst Du positiver gestimmt, wenn Du Dich amüsierst.

Mit wachsendem Examensstress wirst Du Dich von Nichtjuristen auch immer schlechter verstanden fühlen. Leidensgenossen sind schon deshalb so wichtig, weil Du Dich mit ihnen vergleichen und feststellen kannst, dass es nicht nur für Dich schwer ist, motiviert und fröhlich und lerntechnisch am Ball zu bleiben. Einer für alle und alle für einen!

Damit Du aber nun endlich erfährst, worum es genau in der juristischen Materie geht, kommen hier die Studienfächer im Einzelnen, welche waren das noch mal? Genau: Zivilrecht, Öffentliches Recht und Strafrecht.

7
DIE STUDIENFÄCHER IM EINZELNEN

Drei große Rechtsgebiete decken jede nur denkbare rechtliche Beziehung, Rechte und Pflichten zwischen Personen und Dingen ab: Zivilrecht, Öffentliches Recht und Strafrecht. Man unterscheidet zwar diese drei, doch tatsächlich sind es nur zwei: das Zivilrecht und das Öffentliche Recht. Das Strafrecht ist ein besonderer Unterfall des Öffentlichen Rechts und wird deshalb als gesondert hervorgehoben. Das Strafrecht kennst Du wahrscheinlich am ehesten oder kannst Dir zumindest am ehesten etwas darunter vorstellen. Ein Bösewicht hat etwas verbrochen und der Staat will ihn dafür bestrafen.

ÖFFENTLICHES RECHT VS. PRIVATRECHT

Um zwischen Zivilrecht und Öffentlichem Recht zu unterscheiden, muss man sich – vereinfacht gesagt – folgende Fragen stellen:

Zivilrecht

Geht es um Rechte und Pflichten von Personen, die auf gleicher Ebene stehen? Dann handelt es sich um das Zivilrecht. Es sind privat Handelnde, die miteinander Verträge schließen oder aus anderen Gegebenheiten heraus rechtlich miteinander in Kontakt kommen. Darum nennt man das Zivilrecht auch Privatrecht bzw. ist eigentlich »Privatrecht« der Überbegriff, die Begriffe »Zivilrecht« und »Bürgerliches Recht« haben sich aber mit der Zeit als gebräuchliche Synonyme bewährt.

? Welches Gesetz? Das hier für Dich zunächst besonders wichtige Gesetz ist das **BÜRGERLICHE GESETZBUCH (BGB).**

Öffentliches Recht

Beim Öffentlichen Recht steht der Staat beziehungsweise ein »Träger hoheitlicher Gewalt«, beispielsweise eine Behörde, auf mindestens einer Seite der Rechtsbeziehung, also stehen die zwei Akteure nicht auf gleicher Ebene. Der eine bin ich, der kleine Bürger mit ganz vielen Rechten, und der andere ist der große, starke Hoheitsträger.

? Welches Gesetz? Die hier am Anfang wichtigen Gesetze sind für Dich das **GRUNDGESETZ (GG)** und die **VERWALTUNGSGERICHTSORDNUNG (VWGO),** bald auch noch das **VERWALTUNGSVERFAHRENSGESETZ (VWVFG).**

Strafrecht

Das Strafrecht als hervorgehobener Teil des Öffentlichen Rechts beschäftigt sich mit dem Schutz von Rechtsgütern vor menschlichem Handeln.

? **Welches Gesetz?** Die Strafnormen im **STRAFGESETZBUCH (STGB)**, als vor allem im Studium wichtiges Gesetz, zeigen auf, welches Verhalten zu bestrafen ist.

So. Jetzt das alles etwas ausführlicher:

7.1 DAS ZIVILRECHT

Das Zivilrecht wird scherzhaft auch die »Königsdisziplin« des Rechts genannt – schnell wirst Du merken: nur von Zivilrechtlern, denn jeder Professor findet sein eigenes Fach natürlich am interessantesten und wichtigsten. Es ist in seinem, sagen wir mal, verflochtenen logischen Aufbau (glücklicherweise?) einmalig. Wer das System der Gesetzesanwendung im Zivilrecht für Klausuren und für das spätere Arbeiten schnell durchsteigt, hat es gut. Andere brauchen mehr Übung. Ab dem ersten Semester werden die Grundlagen vermittelt und die müssen auch beherrscht werden, um später in den höheren Gefilden Fälle lösen zu können.

Der Begriff des »Bürgerlichen Rechts« oder »Zivilrechts« entspringt dem römischen »ius civile«. Es regelt die Beziehung zwischen Personen oder von Personen zu Dingen. Es herrschen das Prinzip der Gleichberechtigung sowie das der Selbstbestimmung.[27]

27 Quelle: Rüthers, Bernd; Stadler, Astrid, Allgemeiner Teil des Bürgerlichen Rechts

JEDER HAT RECHTE UND PFLICHTEN

Es fängt immer damit an: Jeder Mensch hat irgendwelche Rechte. Es gibt absolute Rechte, das bedeutet »gegenüber jedermann« und relative Rechte, also nur in Bezug auf bestimmte andere Personen. Absolute Rechte sind zum Beispiel Persönlichkeitsrechte, wie etwa das Recht am eigenen Bild. Es darf keiner einfach ein Foto von Dir machen und das verkaufen oder publizieren, das steht in § 22 des Kunsturhebergesetzes. Toll, oder? Alles geregelt!

Ebenfalls ein absolutes Recht sind Herrschaftsrechte, hier als einfaches Beispiel: Dein Eigentum. Eine Sache gehört Dir, nicht mir, nicht jemand anderem. Das gilt für die ganze Welt, Du kannst also jedermann gegenüber behaupten »das ist meins« und keiner darf darauf zugreifen, außer Du erlaubst es ihm.

Deine relativen Rechte stehen Dir hingegen nur gegenüber einer bestimmten Person zu. Das kann sich zum Beispiel aus Verträgen ableiten, etwa aus einem Kaufvertrag. Ich habe als Verkäufer das Recht auf den Kaufpreis, aber nur gegen den Käufer und nicht gegen dessen Nachbarn oder sonst jemanden auf der Welt. Deshalb relativ. Dieses Recht nennt man in dem Fall »Anspruch«. Als Verkäufer habe ich Anspruch auf Kaufpreiszahlung.

Merke: Der Anspruch ist das A und O im Zivilrecht, man prüft Ansprüche in Klausuren bis ins Examen hinein. Nach dem Motto »jeder gegen jeden« werden alle möglichen Ansprüche, die jemand gegen andere und umgekehrt haben kann, geprüft. Hierbei ist folgender Satz das Mantra des Zivilrechts: **WER WILL WAS VON WEM WORAUS?**

Diesen Satz wirst Du sicherlich in der ersten Zivilrechtsvorlesung kennenlernen!
WER? Ist zum Beispiel ein Typ namens A.
WILL WAS? Zum Beispiel Zahlung des Kaufpreises in Höhe von fünfhundert Euro für ein gebrauchtes Sofa.
VON WEM? Zum Beispiel von einem Typ namens B.
WORAUS? Zum Beispiel aus § 433 II BGB. Dies ist die sogenannte Anspruchsgrundlage.

Das sind doch keine Namen, was soll das mit A und B? Ehrlich gesagt: keine Ahnung. Wahrscheinlich sind die Fälle damit leichter zu stellen. Die Person A heißt eben A und nicht Anton Ameise. An einigen Unis denken sich die Professoren wahnsinnig lustige Namen für die Protagonisten ihrer Fälle aus. Das macht jeder, wie er will. Im Examen jedenfalls werden es wieder Buchstaben anstatt Namen sein. So viel steht fest.

DAS GUTACHTEN

Vorhin habe ich Dir erklärt, was ein Gutachten theoretisch ist. Die Art, wie Du Fälle löst, mit diesem gewöhnungsbedürftigen Schreibstil. Jetzt noch einmal etwas genauer:

Hat man sich vor der Fallbearbeitung klargemacht, wer was von wem woraus will, entwirft man den sogenannten Obersatz. Der muss als eine Hypothese formuliert über jedes Gutachten drüber und lautet dann in etwa:

A könnte einen Anspruch auf Zahlung des Kaufpreises in Höhe von fünfhundert Euro aus Kaufvertrag gemäß § 433 II BGB gegen B haben.

1. Anspruch entstanden

Das ist die Frage: Hat der eine, also A, den Anspruch überhaupt bekommen? Wenn ja, wie? Durch einen Vertragsschluss etwa? Dann muss geprüft werden, ob der Vertrag überhaupt zustande gekommen ist. Hier kommt dann wieder der Gutachtenstil ins Spiel. Das bedeutet, Du gehst so vor:

a) der Obersatz (eine Hypothese)

Hier behauptest Du »A könnte einen Anspruch auf Kaufpreiszahlung gegen B haben, der sich aus § 433 II BGB ergibt. Dann müssten die beiden einen Kaufvertrag geschlossen haben.«

b) Definition

Jetzt musst Du definieren, was ein Kaufvertrag ist und was dazu gehört: »Ein Kaufvertrag ist ein gegenseitiger Vertrag, durch den sich der Käufer zur Entrichtung des Kaufpreises verpflichtet und der Verkäufer zur Übergabe und Übereignung des Kaufgegenstandes.«

Hier bringst Du Dein erlerntes Wissen ein und spulst es ab.

c) zweite Hypothese

Meistens kommt nun die zweite Hypothese in Bezug auf das Problem des Falles, etwa: »Der Kaufvertrag könnte dadurch nicht wirksam zustande gekommen sein, dass A bei Vertragsschluss minderjährig war.«

d) zweite Definition

Hier definierst Du wieder: »Minderjährige können nur dann Geschäfte wirksam abschließen, wenn …« – hier will ich Dich mit Details verschonen, das lernst Du dann alles in den Vorlesungen.

e) Subsumtion – Kreativität in Maßen

Das »Subsumieren« ist die kreative Aufgabe der Juristen. Du betrachtest, ob etwas unter die oben genannten Definitionen fällt und wägst ab. Du versuchst überwiegend juristisches Wissen mit ein wenig natürlichem Menschenverstand zu kombinieren, um dadurch schließlich zum Ergebnis zu gelangen.

2. Anspruch nicht erloschen

Auch wenn ein Anspruch erst einmal in der Person des A entstanden ist, kann er wieder »kaputtgegangen« sein. Hierfür gibt es einige Gründe, zum Beispiel Erfüllung oder Anfechtung oder die für Anfänger ominös klingende »Unmöglichkeit«. Das genauer zu erklären, ginge hier aber zu weit.

3. Anspruch durchsetzbar

Ist der Anspruch erst entstanden, nicht zwischenzeitlich wieder erloschen, muss er schließlich auch noch durchsetzbar sein. Das heißt, es dürfen keine sogenannten Einreden in Person des anderen, hier also B, vorliegen. Er darf also, vereinfacht gesagt, nicht etwas Besseres in petto haben, was er A entgegenhalten kann.

Ist der Anspruch aber auch noch durchsetzbar, so bedeutet das, dass Du in Deinem Gutachten zu dem Ergebnis kommst: A kann von B (tatsächlich) Kaufpreiszahlung verlangen.

Dies war ein sehr einfacher Fall und da dieses Buch kein Lehrbuch ist, sondern Dir nur einen Eindruck vermitteln will, was in welchen Fächern auf Dich zukommt, noch dazu sehr vereinfacht dargestellt.

ZIVILRECHT IST ÜBERALL

Zivilrechtsfragen begegnen uns überall im alltäglichen Leben. Immer wenn es um Ehe, Kinder, Einkäufe, Verkehr, Miete, den Beruf und Job oder das Geburtstagsgeschenk der besten Freundin geht – alles wird vom Zivilrecht abgedeckt.

Der obige Fall stammt aus dem **MATERIELLEN ZIVILRECHT.** Man kann es das »Ob« nennen. Es entscheidet darüber, ob ein Anspruch entsteht. Außerdem gibt es das **FORMELLE ZIVILRECHT,** das ist das sogenannte **PROZESSRECHT.** Es entscheidet über das »Wie« der Durchsetzung. Wenn man überzeugt ist, man habe einen Anspruch, der vermeintliche Gegner aber nicht überzeugt ist, dann muss man das eventuell gerichtlich klären lassen. In der Zivilprozessordnung (ZPO) ist alles rund um den formalen Ablauf von Zivilverfahren geregelt. Von Anfang bis Ende hat hier alles seine Regeln und Ordnungen. Der Anfang liegt allerdings weit vor dem ersten Gerichtstermin – zu dem es ja gar nicht immer kommen muss.

7.2
DAS STRAFRECHT

Dieses Fach ist für die meisten der einfachste Einstieg ins Rechtswesen. Zwar hat man damit im echten privaten Leben glücklicherweise viel weniger zu tun als mit Verwaltung oder Verträgen aus dem Privatrecht und dem Öffentlichen Recht. Trotzdem scheinen Begriffe wie »Mord«, »Totschlag«, »Diebstahl« und »Betrug« viel plastischer und – ja, auch irgendwie spannender.

FÄLLE IM STRAFRECHT

Auch in diesem Fach prüfst Du im Grundstudium letztendlich im Gutachtenstil Sachverhalte und erstellst Lösungen. Die Lösung im Strafrecht ist dreigliedrig aufgebaut: 1. Tatbestand, 2. Rechtswidrigkeit, 3. Schuld. Das bedeutet, wenn ein Mensch für das Strafrecht relevant handelt, muss diese Handlung natürlich das Verhalten widerspiegeln, das im Strafgesetzbuch unter Strafe gestellt wird, um tatbestandsmäßig zu sein. Dann ist der Tatbestand erfüllt. Wenn dieses Verhalten dann auch noch rechtswidrig war, das heißt also nicht gerechtfertigt, dann ist auch die Rechtswidrigkeit als Punkt zwei erfüllt. Und wenn das tatbestandsmäßige, rechtswidrige Verhalten schließlich nicht von der Rechtsordnung entschuldigt werden kann, dann ist die Person schließlich zu bestrafen. Um die Bestrafung kümmert man sich aber erst ab dem Referendariat.

§ **Ein Beispiel:**

Sachverhalt: A konnte B noch nie leiden. Eines Tages haut er B aus heiterem Himmel mit der Faust ins Gesicht. Die Nase des B ist daraufhin gebrochen und blutet – Strafbarkeit des A?
Eine blutende Nase? Das klingt nach Körperverletzung! Also wird im Gesetz, dem Strafgesetzbuch (StGB), geblättert, in § 223 StGB wird man fündig: Hier steht, dass das Verhalten des A »eine körperliche Misshandlung oder Gesundheitsschädigung« gewesen hätte sein müssen.
Also, Obersatz: Durch das Schlagen auf die Nase des B kann sich A gemäß § 223 StGB wegen Körperverletzung strafbar gemacht haben.

1) Tatbestand

Der Tatbestand ist dann erfüllt, wenn das Verhalten des A also eine körperliche Misshandlung oder Gesundheitsschädigung darstellte. Also musst Du die Definition kennen, die lautet: »Eine Gesundheitsschädigung besteht im Hervorrufen oder Steigern eines (wenn auch nur vorübergehenden) pathologischen Zustandes.«

Jetzt musst Du wieder subsumieren, wie im Zivilrecht: Eine blutende, gebrochenen Nase ist ein pathologischer (das bedeutet krankhafter) Zustand.

IN MANCHEN FÄLLEN MUSS MAN NOCH AUSFÜHRLICHER ERKLÄREN, WAS KRANKHAFT BEDEUTET.

Wenn jemand aus der Nase blutet, dann ist die Sache aber recht eindeutig.

Dieser krankhafte Zustand wurde durch den Schlag des A hervorgerufen.

Zwischenergebnis: Damit hat sich A tatbestandsmäßig verhalten. Der Tatbestand des § 223 StGB ist erfüllt.

Wie gesagt, der Aufbau ist dreigliedrig, also folgen noch Rechtswidrigkeit und Schuld:

2) Rechtswidrigkeit

Eine Tat ist nicht rechtswidrig, wenn ein Rechtfertigungsgrund vorliegt. Ein auch im Volksmund bekannter Grund ist hier das Notwehrrecht, also eine Selbstverteidigung, die zu der gebrochenen Nase führte. Dass A sich hier verteidigen musste, lässt sich dem Sachverhalt nicht entnehmen, nur dass er B noch nie mochte – bitte den Sachverhalt nicht interpretieren, wie es einem passt! Immer an die Fakten halten. Also, kein gerechtfertigtes Verhalten in diesem Fall.

3) Schuld

A handelte auch schuldhaft, wenn sein Verhalten nicht durch Entschuldigungsgründe gedeckt ist. Als Beispiel gilt der sogenannte Notwehrexzess, wenn jemand die Grenzen seines Notwehrrechts überschreitet und in seiner Verteidigung, salopp gesagt, schlichtweg übertreibt. Das ist hier auch nicht ersichtlich, es gab ja gar keine Verteidung.

Also kommst Du hier zu dem Ergebnis: A hat sich wegen Körperverletzung an B gemäß § 223 StGB strafbar gemacht.

Das ist also das sogenannte **MATERIELLE STRAFRECHT:** Wenn ein Tatbestand einer Strafnorm erfüllt ist, werden Rechtswidrigkeit und Schuld des Handelnden überprüft und dann die Rechtsfolgen festgelegt. In diesem Fall waren es Strafnormen des StGB, nämlich der § 223 StGB, aber es gibt auch andere Strafrechtsgesetze, wie etwa das Betäubungsmittelgesetz.

Wie auch im Zivilrecht gibt es ebenfalls ein **FORMELLES STRAFRECHT,** das sich mit der Art und Weise der Durchsetzung der Sanktionen beschäftigt. Besonders wichtig ist in diesem Fall die Strafprozessordnung (StPO). Sie regelt alles, was sich vor der Verhandlung, während der Verhandlung vor Gericht und im Anschluss abspielt. Ein Beispiel ist das Zeugnisverweigerungsrecht. Wem steht es zu und wann und warum? Das steht in § 52 StPO.

7.3 DAS ÖFFENTLICHE RECHT

Das Öffentliche Recht eröffnet sich den meisten Jurastudenten sehr spät als eine dankbare Materie: Hat man aber erst einmal raus, wie der Hase läuft, ist der Ablauf einer Prüfung fast immer gleich. Trotzdem scheint es zunächst das trockenste und langweiligste Fach zu sein. Verwaltung? Pfui! Ist das nicht das, wenn frustrierte Mitt-Vierziger schlechtgelaunt hinter Schreibtischen sitzen, in grauen Gebäuden? Da, wo ich im Wartezimmer eine Nummer ziehen muss und mich unwohl fühle? Dokumente über Dokumente, Beglaubigungen, Anträge, Ummeldungen, Bescheinigungen und anderes lebloses Papiergedöns? Behörden, die es mir schwer machen, wenn ich mal etwas will? Nicht selten hat man diesen Eindruck der deutschen Bürokratie. Wenn man aber erst einmal dahinter gestiegen ist, wie das alles funktioniert, ergibt es tatsächlich Sinn. Klar, manches ist umständlich. Aber solltest Du mal in die Notwendigkeit kommen, in Italien ein Zugticket umtauschen zu müssen, dann wirst Du Dich mit einem Lächeln an die zuvor verhasste wohlgeordnete, durchweg ausgeklügelte, stocksteife und oft doch so praktische Verwaltung in Deutschland erinnern.

WAS UMFASST DAS ÖFFENTLICHE RECHT?

Das Öffentliche Recht umfasst natürlich nicht nur das Verwaltungsrecht. Meistens wirst Du sogar noch eine Weile, etwa bis zum dritten Semester, mit dem Verwaltungsrecht verschont und lernst vorerst ein paar grundsätzliche Dinge. Wie ist Deutschland rechtlich aufgebaut? Nach welchen Grundsätze, seit wann und warum? Was ist die Regierung, ein Parlament und der ganze Apparat, der Deutschland lenkt und leitet? Das lernst Du in der Vorlesung Staatsorganisationsrecht. Die Staatsform, Verfassungsprinzipien: Deutschland ist ein Bundes- und Rechtsstaat, ein Sozialstaat und eine Demokratie. Alles, was man in den Zwanzig-Uhr-Nachrichten sieht, hat irgendwie hiermit zu tun. Parteien, Wahlen, der Bund und seine Länder (also die Bundesländer) und ihre Kompetenzen, die Gesetzgebung und vieles, vieles mehr zählt zu diesem Bereich. Die hierzu gehörenden Prüfungen sind dann etwa der Bund-Länder-Streit oder das Organstreitverfahren oder die Wahlprüfbeschwerde vor dem Bundesverfassungsgericht. Wie die Namen schon sagen, wird also auch im Öffentlichen Recht gezankt, gezetert und sich beschwert. Wieder geht es um Rechte und Pflichten und darum, wie man sie durchsetzen kann.

BESONDERHEIT DES ÖFFENTLICHEN RECHTS: Hier lernst Du von Beginn an beide Seiten der juristischen Medaille kennen: Formelles und Materielles. Beim Straf- und Zivilrecht wirst Du im Grundstudium normalerweise zunächst nur Materielles prüfen müssen. Im Ö-Recht ist das nicht so. Du steigst sofort beim »Wie« ein und prüfst, ob eine Klage, eine Beschwerde oder ähnliches überhaupt **ZULÄSSIG IST.** Erst im Anschluss prüfst Du materiell, ob diese dann begründet ist. Merke Dir schon mal diese beiden juristischen Schlagworte: **ZULÄSSIGKEIT** und **BEGRÜNDETHEIT.**

BEGRÜNDETHEIT ist ein weiteres Beispiel juristenprachlicher Extrawürste. Das eigentlich richtige Wort wäre ja »Begründung«. Aber nicht hier, denn Begründung bedeutet etwas ganz anderes, als die Begründetheit einer Klage!

Nach dem Staatsorganisationsrecht, oder auch **STAATSRECHT I,** werden in den Unis meistens die Grundrechte gelehrt. Das Fach heißt dann oft auch **STAATSRECHT II.** Für viele ist **STAATSRECHT III** Europarecht, diese Bezeichnungen sind aber nicht zwingend und variieren. Die Lehrveranstaltungen im Verwaltungsrecht beginnen häufig etwa ab dem dritten Semester.

Wichtig: Gerade weil diese Bereiche im Examen häufig in mindestens einer Klausur abgefragt werden, ist vor allem in den Grundrechtskursen und im Verwaltungsrecht gutes Aufpassen angesagt!

Es wird leider ständig von allen Seiten gesagt, »alles ist wichtig fürs Examen« oder »bloß nicht auf Lücke lernen«. Der Ratschlag, Lücken zu lassen, soll Dir mit diesem Buch natürlich auch nicht gegeben werden. Es soll aber hervorgehoben werden, was wirklich besonders wichtig ist. So das Verwaltungsrecht: Zunächst lernt man das Allgemeine Verwaltungsrecht, dieses ist essentiell, um schließlich das Besondere, wie etwa Baurecht oder Polizei- und Ordnungsrecht, überhaupt im Ansatz zu verstehen. Wenn man aber den Allgemeinen Teil beherrscht, ist das andere fast schon einfach, jedenfalls machbar.

So. Mit noch mehr Jura-Materie sollst Du nun verschont bleiben, bis Du in der Vorlesung sitzt. Aber schließlich hast Du nun eine Idee davon, was Jura umfasst und was man da eigentlich lernt. Während Du juristische Arbeit leistest, wirst Du ab dem ersten Tag immer eine Sache benötigen. Was das ist? Richtig. Dein Gesetz! Was sonst?

7.4
DIE GESETZE: DEIN ARBEITSMATERIAL

Juristen sind meistens mit zwei klobigen roten Schinken unterwegs, die dem äußeren Anschein nach Büchern eher unähnlich sind. Aber es sind Bücher, nämlich Gesetzessammlungen, der *Schönfelder* für Zivilrecht (hierin sind auch die Strafrechtsnormen enthalten) und der *Sartorius* für das Öffentliche Recht. Jedes dieser Bücher wiegt etwa 2,3 Kilo. Je weiter Du in Deinem Studium kommst, desto mehr Gesetze musst Du kennen und benutzen. Deshalb sind diese zwei roten Schwergewichte frühestens ab den großen Scheinen wichtig, eher aber erst ab dem Schwerpunktstudium, etwa im siebten Semester. Wer sich schon im ersten, zweiten oder dritten Semester mit diesen beiden Schinken den Rücken ruiniert – immerhin bist Du gute fünf Kilo schwerer, wenn Du beide mit Dir herumschleppst – kassiert wahrscheinlich mitleidige Blicke von den Professoren und Lacher von den Kommilitonen. Das ist wirklich nicht nötig.

!

Tipp: Du brauchst von Anfang an Gesetzestexte, aber Du brauchst am Anfang nicht alle. Wichtig sind: BGB, StGB, GG, VwGO. Damit müsste Dein Bedarf in den ersten Semestern abgedeckt sein.

DER ANFANG: DIE *BECK-TEXTE*

Am Anfang des Studiums kannst Du mit den leichten weißen *Beck-Texten* (erschienen im dtv Deutscher Taschenbuch Verlag) einsteigen. Eines für Strafrecht (es heißt StrfR), eines für Zivilrecht (BGB) und eines für das Öffentliche Recht (ÖffR). Diese Texte kosten zwischen fünf und etwa zehn Euro und sind das typische Anfängermaterial. Du brauchst eben noch kein HGB, keine ZPO, StPO oder andere speziellere Gesetze. Wahrscheinlich hat jeder Jurist sein erstes Gesetzbuch noch. Oder nur diejenigen, die sentimental schwelgend mit einem lachenden und einem weinenden Auge auf die Anfänge des Studiums zurückblicken. In dieser unbeschwerten Anfangszeit sind sogar die Gesetze noch leicht gewesen! Diese Gesetzestexte wiegen schließlich rund zwei Kilo weniger als ein *Schönfelder.*

DER *SCHÖNFELDER*

Der *Schönfelder* ist das Ding, an dem man einen Juristen erkennt. Das Ding, das bei Barbara Salesch aus Dekorationsgründen auf dem »Richtertisch« steht. Das Ding mit dem typischen roten Einband. Das musst Du Dir zu Deinem Verbündeten machen.

Der *Schönfelder* (C. H. Beck Verlag) ist die Gesetzestextsammlung, die in der Staatsexamensprüfung in den meisten Bundesländern zugelassen wird. Das erste Gesetz in dieser Sammlung ganz vorne ist das BGB, es folgen andere Klassiker wie das StGB, die Straßenverkehrsordnung, Gesetze zum Handels- und Gesellschaftsrecht, zum Versicherungsrecht, Arbeitsrecht und Zivilverfahrensrecht. Ganz hinten befindet sich ein Stichwortverzeichnis, von Juristen fröhlich die »Idiotenwiese« getauft. Hier blättern nur Idioten? Na ja, in der ein oder anderen Klausur findet man dort jedenfalls Hoffnung, wenn einem die Ideen ausgehen.

WIESO HABEN GESETZE KOMISCHE NAMEN?

Sie sind benannt nach ihren Herausgebern: Die Textsammlung wurde von Heinrich Schönfelder im Jahre 1931 begründet[28] und war anfangs als gebundenes Buch erschienen. Das war aber unpraktisch, sodass der Schönfelder schon ab der vierten Auflage im Jahr 1935 als sogenannte Loseblattsammlung erschien, da die Zahl der Gesetzesänderungen häufige Aktualisierungen nötig macht, die in Form von Nachlieferungen erscheinen. Die Loseblattsammlung enthält Papier, das so dünn wie Bibelpapier ist. »Lose« deshalb, weil man bei Gesetzesänderungen alte Gesetze ausheften und neue Gesetze einheften kann. Das ist jedes Jahr mehrmals nötig und eine wahnsinnige Fummelarbeit!

Man muss den *Schönfelder* von einem anderen Zivilrechtsschinken unterscheiden, dem *Palandt* (wieder der Name eines Juristen, Otto Palandt). Der ist ein Gesetzeskommentar, der neben den Paragrafen auch Definitionen und Erklärungen enthält. Deshalb ist er noch nicht zum ersten Examen, sondern erst ab dem Referendariat in Klausuren zugelassen. Im *Schönfelder* selbst stehen nur die Gesetze, keine Erläuterungen oder hilfreiche Anmerkungen.

Die Gesetze haben an den oberen Ecken der Blätter sogenannte **ORDNUNGSNUMMERN.** Die erleichtern die Suche.

JURISTISCHES STREBERWISSEN FÜR INTERESSIERTE:

Das BGB ist zwar das erste Gesetz ganz vorne im Schönfelder, doch hat es die Ordnungsnummer 20. Warum? Bis 1932 hatte es die Ordnungsnummer 1, ab 1935 aber haben die

---

28 So steht es im Vorwort des *Schönfelders* selbst. Quelle: Schönfelder, Deutsche Gesetze Textsammlung, 148. Ergänzungslieferung, Stand: September 2012, S. V.

Nationalsozialisten ihre Sondergesetze davor gestellt, sodass das BGB auf Platz 20 rückte. Die Nazi-Gesetze wurden wieder gestrichen, die Nummerierung blieb.[29]

DER *SARTORIUS*

Die – ebenso im roten Einband gefasste – *Sartorius*-Gesetzessammlung enthält die deutschen Verfassungs- und Verwaltungsgesetze. Sie wurde von Dr. Carl Sartorius 1903 begründet. Die absolute Nummer eins unserer Gesetze ist natürlich unsere Verfassung: Das Grundgesetz (GG), geschaffen 1949 vom Parlamentarischen Rat unter seinem Vorsitzenden Konrad Adenauer, dem ersten deutschen Bundeskanzler.

Im *Sartorius* soll ein »möglichst vollständiges Bild des öffentlichen Bundesrechts« enthalten sein.[30] Jedenfalls enthält der *Sartorius* Vorschriften zum Staats- und Verfassungsrecht, zum Verwaltungsrecht und zum Europarecht.

Außerdem gibt es auch noch den *Sartorius II: Internationale Verträge, Europarecht.* Dieser Band ist für diejenigen relevant, die einen internationalen Schwerpunkt, wie beispielsweise Völkerrecht oder internationales Wirtschaftsrecht, wählen. Hierin sind beispielsweise der Nordatlantikpakt, die Charta der Vereinten Nationen und viele weitere Verträge und Normen enthalten, die internationale Rechtsfragen regeln. Im Grundstudium wirst Du den *Sartorius II* nicht brauchen, da bleibt man thematisch überwiegend innerhalb Deutschlands, jedenfalls innerhalb der Europäischen Union und braucht demnach nur den *Sartorius I.*

---

29 Quelle: Pötters, Stephan; Werkmeister, Christoph, Basiswissen Jura für die mündliche Prüfung, S. 21

30 Quelle: Vorwort des *Sartorius*, Verfassungs- und Verwaltungsgesetze Textsammlung, 98. Ergänzungslieferung, Stand: November 2011

So, nun weißt Du, was Du wann brauchst, oder?

- ab dem ersten Semester: *Beck-Texte,* klein, handlich und leicht

- ab dem Schwerpunkt: ***SARTORIUS I*** und/oder ***SCHÖNFELDER/SARTORIUS II,*** je nachdem, welchen Schwerpunkt Du wählst

- zur Vorbereitung auf das erste Examen und im Examen: ***SARTORIUS I*** und ***SCHÖNFELDER***

- ab dem Referendariat: Kommentare zu den Gesetzen wie ***PALANDT, THOMAS/PUTZO*** (Zivilrecht), ***TRÖNDLE/FISCHER, MEYER-GOSSNER/KLEINKNECHT*** (Strafrecht), ***KOPP/SCHENKE, KOPP/RAMSAUER*** (Verwaltungsrecht)[31]

31 Dies sind zumindest in Berlin/Brandenburg gängige Examenskommentare für das zweite Examen, Quelle: www.berlin.de/sen/justiz/gerichte/kg/bibliothek/hinweise-ref.html (abgerufen 30. Mai 2013).
In anderen Bundesländern wird möglicherweise andere Literatur verwendet.

8
DAS GRUND- UND HAUPTSTUDIUM

Bis Du in die Phase der Examensvorbereitung oder des Schwerpunktes kommst, wirst Du zunächst Dein Grundstudium und dann Dein Hauptstudium absolvieren. Wundere Dich nicht, wenn das an Deiner Uni aber niemand so nennt. Für das Grundstudium werden wahrscheinlich die meisten das Wort »Zwischenprüfung« verwenden. Das Hauptstudium sind die etwa drei Semester, in denen Du große Scheine sammelst.

8.1
VORLESUNGEN, AGS, ÜBUNGEN

VORLESUNGEN

Dein Studium ist ab dem ersten Semester gefüllt mit Vorlesungen. Die sind ganz typisch als Lehrveranstaltung im Hochschulstudium. Sie sind so ziemlich das Gegenteil des Schulunterrichts, man hat in der Regel nämlich keinen eigenen mündlichen Beitrag zu leisten. Du kannst kommen und gehen, wann Du willst, Dein Professor wird Dir bestimmt schnell klarmachen, dass es ihm relativ egal ist, wer zuhört oder überhaupt anwesend ist. Das ist der große Unterschied zur Schule: Du musst lernen, wenn Du lernen willst. Es zwingt Dich niemand zu irgendetwas. Die Vorlesung ist ein reiner, meist etwa neunzigminütiger Vortrag Deines Professors, je nach Veranstaltung im Audimax, also einem besonders großen Hörsaal der Uni. Je spezieller der Unterrichtsstoff wird, desto kleiner werden auch die Vorlesungen, die breite Masse teilt sich irgendwann auf.

In der ersten Vorlesung

Viele Professoren und Dozenten finden es sehr dramatisch, wenn Sie zu Beginn ihrer ersten Vorlesung sagen: »Schauen Sie nach links und nach rechts, am Ende Ihres Studiums werden diese Menschen nicht mehr da sein!« Damit wollen sie wahrscheinlich auf bedeutsame Art hervorheben, wie unfassbar schwierig das Jura-Studium ist. Aber auch, dass hier, in der ersten Lehrveranstaltung, einfach viele sitzen, die es mit Jura nicht so wirklich ernst meinen. Mag sein. Aber im achten Semester wirst Du wahrscheinlich eh die Gesichter der beiden, die in der ersten Vorlesung neben Dir saßen, vergessen haben.

Aufgepasst: Manche Unis veranstalten gleich in der ersten Lehrveranstaltung den Einstufungs-Englischtest, der darüber entscheidet, welchen Schwierigkeitsgrad Dein Sprachkurs haben wird. Aber diesen Test kann man natürlich auch noch nachholen.

ARBEITSGEMEINSCHAFTEN

Zu den Vorlesungen werden normalerweise vorlesungsbegleitende Arbeitsgemeinschaften angeboten. Zu diesen muss man sich meist anmelden, da die Gruppen eine Maximalteilnehmerzahl haben. Hier findet schulischer Unterricht statt und es wird tatsächlich geübt. Die Inhalte der Vorlesung sollen hier umgesetzt und angewandt werden. Mündliche Beiträge sind erwünscht, Fragen können und sollen hier geklärt werden. Noten gibt es nicht. Die AG-Leiter sind überwiegend wissenschaftliche Mitarbeiter des Lehrstuhls des Professors, der die Vorlesung hält. Da wissenschaftliche Mitarbeiter außerdem oft die Powerpoint-Präsentation Deines Professors vorbereitet haben, wissen sie auch sehr genau, was in der Vorlesung besprochen wurde.

In den Vorlesungen und AGs lernst Du alles, was für die Klausuren der Zwischenprüfung wichtig ist. Vorlesungen werden Dich aber auch danach, im Haupt- und Schwerpunktbereichsstudium, auf den Klausurstoff vorbereiten.

ÜBUNGEN

So etwa ab dem dritten Semester lohnt sich der Besuch der Übungen, die auch Übungen für Fortgeschrittene heißen. Ob man sich zu diesen anmelden muss oder nicht, ist abhängig von der jeweiligen Uni. Jedenfalls geschieht hier die Vorbereitung auf die großen Scheine. Normalerweise sind auch diese Übungen keine Pflichtveranstaltung, allerdings sehr wichtig, wenn man die Klausur und die Hausarbeit für den jeweiligen Schein bestehen möchte. Aus dem einen oder anderen Tipp des Professors lässt sich auch ableiten, was er gern in den Klausuren abfragt. Wenn er sich dazu nicht äußert, weiß man aber wenigstens, was alles im Unterricht besprochen wurde.

DIE GROSSEN SCHEINE: Diese Übungen sollen Dich für die großen Scheine fit machen. Die bestehen meist aus einer 25–35-seitigen Hausarbeit, die Du in der vorlesungsfreien Zeit schreiben musst, und ein bis drei Klausuren, die Du in dem jeweiligen Fach bestehen musst.

Mehr als diese Lehrveranstaltungen gibt es üblicherweise nicht während des Studiums. An manchen Unis werden sie möglicherweise anders genannt. Natürlich werden es in jedem Semester andere Vorlesungen, Übungen und Arbeitsgemeinschaften sein. Dazu kommen noch der Sprachkurs und die Schlüsselqualifikationen. Doch ab und an wirst Du das Gefühl haben, nicht voll ausgelastet zu sein. Das liegt daran, dass Jura ein Studium der Wiederholung ist. Dir werden immer wieder Freistunden und leere Blöcke im Stundenplan auffallen. Die sind eingeplant, um Dir die Zeit zum Nach- und Vorbereiten in der Bibliothek zu geben.

8.2 DIE BIBLIOTHEK – THE PLACE TO BE

Die 16 deutschen Bundesländer unterhalten etwa vierzig regionale Landes- und Staatsbibliotheken und rund achtzig Universitätsbibliotheken.[32] Und alle sind voll mit Juristen! Wir bevölkern nicht nur die Unibibliothek unserer Alma Mater,[33] nein, auch alle anderen Staatsbibliotheken oder Bibliotheken von Unis, die nicht einmal Jura lehren, wie technische Universitäten. Morgens stehen wir an der Scheibe kratzend fünf Minuten vor Beginn der Öffnungszeit vor dem Bibliotheksgebäude und sprinten hinein zu den Schließfächern! Die richtig Guten haben ihre Jacke schon draußen abgelegt. Hast Du Deine durchsichtige Plastiktüte vergessen? Anfänger! Manche Unis haben Körbe für Deine Schreibsachen und Bücher – dann schnapp Dir so einen! Taschen sind natürlich nicht erlaubt. Dein Vorhängeschloss hat hoffentlich eine Markierung, damit Du es in zehn Stunden auch wiederfindest, wenn Du schon lange vergessen hast, wo Du morgens Dein Zeug verstaut hast.

Übrigens: Nicht nur von Juristen wird die Bibliothek auch »Bib« oder »Bibo« genannt.

32 Quelle: www.bibliotheksportal.de/bibliotheken/bibliotheken-in-deutschland/bibliothekslandschaft.html (abgerufen 30. Mai 2013)

33 Das ist ein lateinischer Begriff, der so viel wie »gütige Mutter« bedeutet und häufig für die eigene Universität verwendet wird. Er lässt einen wahnsinnig gescheit erscheinen, vor allem in Juristenkreisen.

DEIN ZWEITES ZUHAUSE FÜR EIN JAHR

Ja, die liebe Bib wird Dein zweites Zuhause während der Examensvorbereitung. Viele versuchen, allein zu Hause zu lernen, einige können das vielleicht, aber für die meisten bedeutet das reinen Selbstbetrug. Zu Hause gibt es schließlich Internet (Smartphones sind natürlich auch in der Bibliothek eine gefährliche Versuchung), das Bett, die Couch mit Fernseher davor und natürlich den Abwasch oder den seit zwei Jahren wartenden Frühjahrsputz, der jetzt aber unbedingt gemacht werden muss. Es gibt so viele schöne Ausreden, um nicht lernen zu müssen und immer etwas Besseres zu tun. Deshalb wird nur die Bibliothek Dich davon abhalten, denn wenn Du schon mal dort bist, klappt es bestimmt auch ganz gut mit dem Lernen. Meistens. Doch auch schon vor der Examensvorbereitung ist die Bibliothek ein guter Ort, um für die Klausuren der Zwischenprüfung und die großen Scheine zu lernen. Für Hausarbeiten kann man hier gut recherchieren, viel besser als zu Hause, denn vieles steht nicht im Internet.

Merke: Du wirst juristische Datenbanken wie zum Beispiel **BECK-ONLINE** kennenlernen. Der Zugang von zu Hause aus ist kostenpflichtig, in der Jurabibliothek kannst Du aber kostenfrei darauf zugreifen. In diesen Datenbanken finden sich Urteile und Entscheidungen, die Du mithilfe einer Stichwortsuche finden kannst.

Juristen im Mikrokosmos Bibliothek: Nicht alle Jurastudenten und Juristen haben einen angeborenen Gerechtigkeitssinn, aber dafür den Drang zu gewinnen und in allem einen Wettbewerb zu sehen.

Wofür sie von Heidi Klum Pluspunkte und ein Foto bekämen, bekommen sie von normalen Menschen nur Mitleid: Sogar bereits in Grund- und Hauptstudium wirst Du immer mal wieder so richtig – Entschuldigung – asozial veranlagte Menschen treffen. Juristen von solchem Schlag rennen morgens wie oben beschrieben in die Bibliothek, um sich alle für die Hausarbeiten (die viele Jurastudenten eines Semesters gleichzeitig schreiben) wichtigen Bücher und Fachzeitschriften zu krallen. Daran ist noch nichts schlimm, jeder will natürlich die Bücher und Materialien bekommen, mit denen er arbeiten muss. Dieser Schlag Jurastudent allerdings versteckt schließlich diese Bücher nach getaner Arbeit in den falschen Regalen. Manche reißen sogar Seiten aus diesen Büchern heraus, damit andere nicht finden, was sie für ihre Arbeit gefunden haben. So ein Verhalten ist selbst eines den Konkurrenzkampf liebenden Juristen unwürdig.

8.3 PRAKTIKA

Bevor Du zum Examen zugelassen werden kannst, musst Du einige Voraussetzungen erfüllen. Dazu gehört neben der Zwischenprüfung und den großen Scheinen eine etwa dreimonatige Praktikumszeit.

▶ An manchen Unis heißt es drei Monate, an anderen 13 Wochen. Pass gut auf, dass Dir später keine Woche fehlt.

- Praktika müssen während der vorlesungsfreien Zeit absolviert werden. Das wird das Prüfungsamt bei Deiner Anmeldung zum Examen mit dem Kalender ganz genau nachprüfen.

- Manchmal verlangen die Prüfungsämter jeweils mindestens vier Praktikumswochen am Stück, andere verlangen drei verschiedenartige Praktika, etwa bei Verwaltung, Gericht und Kanzlei. Oder im Zivilrecht, im Öffentlichen Recht und im Strafrecht.

- Diese Praktika musst Du bei Volljuristen absolvieren. Es müssen aber keine Vollzeitpraktika sein. Informiere Dich in der Prüfungsordnung über die genauen Voraussetzungen in Deinem Bundesland.

Ich kann Dir das Absolvieren von Praktika schon ab dem ersten Semester absolut empfehlen. Mach am besten drei bis fünf verschiedene, denn Du musst die 13 Wochen nicht an einem Stück machen. Dein Ausbilder im Praktikum muss Volljurist sein, da denkt jeder sofort an einen Anwalt. Aber hier gibt es so viele Möglichkeiten: Etwa bei einer berühmten Verwaltungsstelle Deutschlands – weißt Du, wie der Bundestag von innen aussieht? Oder im Öffentlichen Dienst gibt es viele Praktikumsplätze für Jurastudenten, etwa bei der Bundeswehr oder der Polizei. Mit der Zeit wird einem klar, dass fast überall Juristen dahinterstecken. Also kannst Du auch dort Dein Praktikum absolvieren.

BEACHTE DIE BEWERBUNGSFRISTEN; beim Bundestag musst Du Dich zum Beispiel in etwa ein Jahr im Voraus bewerben.

Möchtest Du Praktika beim Gericht oder bei Kanzleien absolvieren, ist die Auswahl Dir überlassen, ob nun Familiengericht, Sozialgericht, Scheidungsanwalt, Verwaltungsgericht oder eine Großkanzlei für Baurecht und Grundstücksrecht, bewirb Dich nach Interessenslage.

PRAKTIKA IM AUSLAND

Du kannst Dein Praktikum auch im Ausland absolvieren, das ist für Deinen Lebenslauf sogar richtig gut. Es beweist immer, dass Du weltoffen und neugierig bist, und bescheinigt Dir gute Sprachkenntnisse. Bei der Anerkennung dieses Praktikums musst Du aber aufpassen. Voraussetzung ist, dass Dich ein Volljurist ausbildet. Und das bedeutet, ein Jurist mit erstem und zweitem Staatsexamen. Diese Staatsexamina sind aber eine deutsche Sache – demnach sind die meisten ausländischen Juristen eben keine Volljuristen nach den hierzulande gängigen Standards und Vorschriften. Erkundige Dich im Voraus, ob die jeweilige Stelle im Ausland hier als Praktikumsstelle angerechnet wird.

PRAKTIKUM AUF DEM PAPIER

Manche ganz schlauen Füchse lassen sich von Anwälten Bescheinigungen und Praktikumszeugnisse ausstellen, ohne dort tatsächlich

Praktika absolviert zu haben. Ich möchte hier jetzt nicht als Oberlehrerin auftreten, muss aber sagen: Das ist wirklich dumm. Praktika sind eine sehr gute und wichtige Möglichkeit, um herauszufinden, in welchem Bereich Du später arbeiten willst. Nicht jedes Praktikum ist zwangsweise nach ein paar Monaten vorbei – oft kann man als studentische Hilfskraft einen Nebenjob bekommen. Die Erfahrung kann Dir bei der Wahl Deines Berufswunsches hilfreich sein.

WIE FINDE ICH EIN PRAKTIKUM?

Das kommt darauf an, wo Du ein Praktikum machen möchtest. Willst Du es bei einem Gericht machen, dann recherchiere die in Deiner Stadt ansässigen Gerichte oder die, deren Aufgabenfelder Dich interessieren. Manche wollen schriftliche, andere nur elektronische Bewerbungen, erfrage das am besten vorab telefonisch.

Bei Kanzleien und in der Rechtsabteilung von Firmen können Initiativbewerbungen fruchten. Das bedeutet, dass Du Dich einfach bewirbst, ohne dass eine Praktikumsstelle ausgeschrieben war. Hierfür erstellst Du eine PDF-Datei mit Anschreiben, Motivationsschreiben, Lebenslauf und Zeugnissen der Schule und der Uni und Sprachzertifikaten. Manchmal bekommt man nicht einmal eine Antwort, aber auf elektronischem Wege kannst Du auch fix fünfzig Bewerbungen am Tag rausschicken. Da wird sicher etwas für Dich dabei sein.

Suchst Du ein Praktikum bei besonderen Einrichtungen, wie etwa beim Bundestag, Landes- oder Bundesministerien, recherchiere auf deren Homepage, wie sich das Bewerbungsverfahren dort gestaltet.

Ausgeschriebene Praktikumsstellen findest Du auch unter:

- **karriere.unicum.de**
- **www.praktikum.info**
- **www.praktika.de**
- **www.kopra.org** (auch für Auslandspraktika)

Ansonsten gilt für die Praktikumssuche dasselbe wie für Wohnungs- und Jobsuche: Reden ist Gold! Sprich Deine Kommilitonen an und frag sie, wo sie Praktika gemacht haben oder Verwandte und Freunde, welche Ideen sie haben. Viel Erfolg!

Nun hast Du in der Theorie das Grundstudium mit den Lehrveranstaltungen zur Zwischenprüfung, den Praktika, dem Sprachkurs und das Hauptstudium mit seinen Übungen und den großen Scheinen absolviert. Sind diese Pflichtbereiche geschafft, kannst Du ab etwa dem fünften Semester Vorlesungen zu den Bereichen besuchen, die Dich so richtig interessieren und einen Schwerpunkt setzen.

9
DAS SCHWERPUNKTSTUDIUM

§

Der Schwerpunktbereich ist während des Jurastudiums die Zeit, in der man vertieft das lernen kann, was einen wirklich interessiert. Strafrecht, BGB, Ö-Recht – schön und gut! Die meisten Universitäten bieten um die fünf bis acht Schwerpunkte zur Auswahl an, die einen hintergründigen Einstieg in die verschiedensten Bereiche ermöglichen. Besonders hier wird deutlich, wie weit das Feld der Rechtswissenschaften reicht. Urheberrecht, Medienrecht, Europarecht, Internationales Privatrecht, Wirtschaftsstrafrecht, Steuerrecht, Medizinrecht, Arbeits- und Sozialrecht, Völkerrecht und Internationales Recht, Verwaltungsrecht, Recht der Politik, Familien- und Erbrecht, Kirchenrecht, Rechtsphilosophie und so weiter, es gibt so vieles.

AB WANN?

Der Schwerpunkt beginnt an den meisten Unis im fünften Semester. Zunächst gibt es eine Art Orientierungsphase. Das heißt, es werden Lehrveranstaltungen angeboten, die für den entsprechenden Schwerpunkt wichtig sind. Du musst Dich aber zunächst noch nicht offiziell für einen Schwerpunkt entscheiden. Bei einigen Unis ist eine Zulassung zum Schwerpunkt nötig, das bedeutet, Du musst entweder ein bis drei Klausuren bestehen (auch diese Anzahl variiert an den Unis) oder an einem Seminar teilnehmen, in dem Du eine Hausarbeit in dem Fach schreibst. Mit den Ergebnissen dieser geleisteten Vorarbeit meldest Du Dich schließlich zum sechsten oder siebten Semester zur Prüfung im Schwerpunkt an. Du hattest dann also ein Jahr, zwei Semester, Zeit, Dir Vorlesungen anzuhören und die Übungen/Tutorien/AGs in dem Fach Deiner Wahl zu besuchen.

9.1 WAHL DES SCHWERPUNKTBEREICHES

Aus Platzgründen können hier natürlich nicht alle Schwerpunkte an jeder Universität aufgelistet werden. Das Angebot der Schwerpunkte richtet sich natürlich nach den Professoren, die die Unis als Lehrstuhlinhaber gewinnen konnten und die sich bereit erklärt haben, einen Schwerpunkt aus ihrem Fachwissen heraus anzubieten. Deshalb gibt es an vielen Unis die Schwerpunkte **VERTIEFTES STRAFRECHT, WIRTSCHAFTSSTRAFRECHT, STEUERSTRAFRECHT** und **INTERNATIONALES STRAFRECHT,** da Strafrechtler mit Professur eben häufiger zu finden sind. Die folgende Liste gibt einen Überblick ausgewählter Schwerpunktbereiche:

ARZTRECHT:

Universität Augsburg

Die Universität Augsburg bietet den Schwerpunkt **ARZTVERTRAGS-** und **ARZTHAFTUNGSRECHT, BIOSTRAFRECHT, GRUNDZÜGE DES BIO- UND GESUNDHEITSRECHTS, KRANKENVERSICHERUNGSRECHT, GRUNDZÜGE DES INTERNATIONALEN UND EUROPÄISCHEN GESUNDHEITSRECHTS** an, eine Thematik, die so nur an wenigen Universitäten zu finden ist.

▶ **www.jura.uni-augsburg.de**

AUSLANDSSACHEN:

Humboldt-Universität zu Berlin

Die HU Berlin bietet den Schwerpunkt **AUSLÄNDISCHES RECHT** an und kooperiert hier mit den Angeboten ausländischer Partneruniversitäten, das heißt, die Studierenden können ihren Schwerpunkt komplett an einer ausländischen Partneruniversität der HU absolvieren. Das ist deshalb besonders, weil man sich gerade bei Jura sonst kaum Auslandsaufenthalte und im Ausland abgelegte Leistungen anrechnen lassen kann. Die Studieninhalte richten sich dementsprechend nach dem Lehrangebot der betreffenden ausländischen Hochschule und sind mit der Juristischen Fakultät der HU abgestimmt. Die Partneruniversitäten befinden sich in Genf, London und Paris.

▶ **www.rewi.hu-berlin.de**

POLITIK:
Heinrich-Heine-Universität Düsseldorf

An der Universität in Düsseldorf wird der Schwerpunktbereich **RECHT DER POLITIK** angeboten, der sich im Grundmodul in die Bereiche **RECHT DES EUROPÄISCHEN BINNENMARKTES, RECHT DES POLITISCHEN PROZESSES** sowie **NATIONALE UND EUROPÄISCHE GRUNDRECHTE** aufgliedert. Im Aufbaumodul werden weitere Veranstaltungen angeboten, etwa **PARTEIEN- UND PARLAMENTSRECHT.**

▶ **www.jura.hhu.de**

ARBEITS- UND SOZIALRECHT:
Friedrich-Schiller-Universität Jena

Die Studierenden der Jurafakultät an der Uni in Jena haben die Möglichkeit, den Schwerpunkt **DEUTSCHES UND EUROPÄISCHES ARBEITS- UND SOZIALRECHT** zu wählen. Es stehen die Arbeitsbeziehungen und das soziale Recht im Fokus. Dabei geht es um Themen aus dem gesamten kollektiven Arbeitsrecht sowie aus Betriebsverfassungsrecht, Arbeitskampfrecht und um Aspekte des Rechts der Koalitionen. Auch Veranstaltungen zum arbeitsrechtlichen Verfahrensrecht werden angeboten. Als besonderes, praxisnahes Schmankerl besteht eine Kooperation mit dem Bundesarbeitsgericht (BAG) in Form der Teilnahme von Richtern aus Erfurt – hier sitzt das BAG – an den Veranstaltungen des Schwerpunkts. Hinzu kommen Veranstaltungen zum sozialen Schutz, den allgemeinen Lehren des Sozialrechts, unserem System des Sozialrechts sowie zu den einzelnen Zweigen der Sozialversicherung. Auch das europäische Arbeits- und Sozialrecht wird behandelt.

▶ **www.rewi.uni-jena.de**

FRANZÖSISCHES RECHT:
Universität Potsdam

An der Juristischen Fakultät der Universität Potsdam wird der Schwerpunkt **FRANZÖSISCHES RECHT** angeboten. Der Schwerpunkt gliedert sich ein in den von vornherein gewählten deutsch-französischen Doppelstudiengang. Ab dem ersten Semester belegt man Kurse für französisches Recht. Der Schwerpunkt wird schließlich während eines Jahres in Studium und Prüfung komplett an der Juristischen Fakultät der Universität Paris X Nanterre durchgeführt.

▶ **www.jura.uni-potsdam.de**

Das waren ein paar Beispiele für etwas ausgefallenere Schwerpunkte. Eine ausführliche Liste aller an deutschen Universitäten angebotenen Schwerpunktbereiche findest Du unter **rsw.beck.de/rsw/upload/JuS/aktuelle_SP-Tabelle.pdf.**[34]

!

Tipp: Es kann nicht schaden, Dich vor Deiner Entscheidung für einen Schwerpunktbereich mal in die unterschiedlichen angebotenen Lehrveranstaltungen der Schwerpunktbereiche zu setzen. Hör einfach überall rein und finde heraus, welcher Schwerpunkt Dich tatsächlich interessiert.

---

34 Bei dieser Tabelle handelt es sich um die aktualisierte Übersicht über die Schwerpunktbereiche an den 41 deutschen Fakultäten, im Anschluss an den Beitrag von Rolfs, Christoph; Rossi-Wilberg, Sara, Die Ausbildung im Schwerpunktbereich und die erste Juristische Prüfung an Juristischen Fakultäten in Deutschland, S. 297.

9.2 DIE BENOTUNG DES SCHWERPUNKTES

Viele Studierende werden Dir von Benotungen erzählen, etwa »In Rechtsgeschichte werden Dir die guten Noten hinterher geworfen, wirklich!« Oder »Medizinrecht? Die Profs sind hier richtig streng, mach lieber einen anderen Schwerpunkt!« Dazu sage ich: Hör nicht darauf. Du wirst immer motivierter lernen, wenn Du einen Schwerpunkt wählst, der Dich wirklich interessiert.

Aber: Solltest Du Dich zwischen zwei Schwerpunktbereichen nicht entscheiden können, dann rate ich doch zu dem mit der besseren Notenstatistik seiner Absolventen (diese sind oftmals auf der Lehrstuhl-Homepage oder im Studienbüro zu finden). Ein ganz großes Problem, vor allem unter Jurastudenten, ist es, sich ungerecht benotet zu fühlen. Das ist sehr subjektiv, jeder empfindet das anders. Aber Professoren sind eben auch nur Menschen und können nicht zu hundert Prozent objektiv sein. Viele von ihnen haben die freundliche Einstellung, Jurastudenten gern einen guten Schwerpunkt absolvieren zu lassen, als gute Startvoraussetzung ins Examen. Andere sind einfach strenger in der Benotung. Das kann man nicht ändern. Damit ist die Benotung immer auch ein Glücksspiel. Im Schwerpunkt und schließlich auch im Examen.

Aber es kann Dir ja schließlich Folgendes passieren: Du richtest Dich nur nach irgendwelchen Gerüchten von freundlichen Professoren und guten Statistiken in einem Fach, das Dich gar nicht interessiert. Du hoffst aber wegen der günstigen Umstände auf gute Noten. Und dann fällt der vermeintlich nett benotende Professor etwa wegen Krankheit aus und Du bekommst einen neuen, der strenger bewertet, und Du hast nicht einmal Spaß am Lernen. Dumm gelaufen.

!

Tipp: Bei späteren Bewerbungen kannst Du natürlich glänzen, wenn Du bereits einen passenden Schwerpunkt im Studium gesetzt hast. Zum Beispiel punktest Du mit einer guten Note im Schwerpunktbereich Medienrecht ungemein bei einer Medienrechtskanzlei. Logisch!

9.3 DER AUFBAU DES SCHWERPUNKTES, DER UNIVERSITÄRE TEIL DEINES STAATSEXAMENS

Die von Dir erzielte Note im Schwerpunktbereich geht später zu dreißig Prozent in die Gesamtnote Deines ersten Staatsexamens ein. Also heißt es ab jetzt richtig ranklotzen. Eine gute Note im Schwerpunkt kann Dich auf der Notenskala wunderbar hochziehen – das funktioniert aber leider auch in die andere Richtung.

Dein Schwerpunkt ist auf etwa zwei bis drei Semester angelegt. In der ersten Zeit besuchst Du Vorlesungen. Sollte das an Deiner Uni Voraussetzung sein, musst Du im ersten Semester zwischen zwei und vier Klausuren bestehen und/oder eine propädeutische[35] Seminararbeit schreiben, um Dich zur Prüfung

---

35 Propädeutik bedeutet »Vorbildung«, also die Vermittlung von Grundkenntnissen.

anmelden zu können. Ist das geschehen, geht es wieder ans Schreiben der Seminararbeit. Aber jetzt die »richtige«. Also die, die schon zu dreißig Prozent in Deine Schwerpunktbereichsnote einfließt. Du wirst hierfür etwa sechs bis acht Wochen Zeit haben, der Umfang ist ähnlich wie der von den Hausarbeiten, die Du schon im Hauptstudium geschrieben hast. Welches Thema Du schließlich in Deiner Arbeit bearbeiten musst, steht Dir normalerweise nicht zur Auswahl. Meistens wird ausgelost: Der Lehrstuhl bereitet Umschläge vor, die je ein Blatt mit Thema und Aufgabenstellung enthalten – dann musst Du nur noch einen der Umschläge ziehen und schon hast Du Dein Thema für die Seminararbeit! Die Benotung dieser Arbeit erfährst Du etwa ein halbes Jahr später, so lange zu warten ist bei Jura normal (auch auf die Staatsexamensergebnisse musst Du etwa ein halbes Jahr warten). Da es der universitäre Teil Deines Staatsexamens ist, wird die Arbeit von dem Professor, der die Aufgabe gestellt hat, und einem Zweitkorrektor begutachtet. Die Note bekommst Du aber meistens erst gesagt, nachdem Du Deine Arbeit »verteidigt« hast. Du musst also vor einem oder mehreren Prüfern einen Kurzvortrag zu Deinem Seminararbeitsthema halten und im Anschluss Rede und Antwort stehen.

Etwa einen Monat nach der Verteidigung schreibst Du schließlich eine fünfstündige Klausur. Dann hast Du noch die mündliche Prüfung abzulegen und dann bist Du durch.

DER AUFBAU NOCH MAL IN KÜRZE:
Seminararbeit + Kurzvortrag + Verteidigung
eine Klausur à fünf Stunden
eine mündliche Prüfung à zwanzig bis dreißig Minuten

Wenn Du das alles geschafft und auch bestanden hast, war das die letzte Leistung, die Du an der Uni selbst erbringen musst. Jetzt kommen noch Repetitorium und der staatliche Teil des Examens. Puh.

WICHTIG: Du kannst Deinen Schwerpunkt auch nach dem staatlichen Teil des Examens ablegen. Also kommst Du nach dem Staatsexamen wieder zurück an die Uni und besuchst dann erst die Vorlesungen zum Schwerpunkt. Die Prüfung ist aber die gleiche. Hierdurch verändern sich jedoch die Zeiten für Deinen Freiversuch. Dazu mehr in Kapitel 14 *Das Examen*.

10
ANGEBOTE AN DEINER UNI – EIN WENIG EINSATZ KANN NIE SCHADEN

Man muss natürlich nicht jeden Quatsch mitmachen, aber manchmal gibt es an der Uni richtig interessante Angebote, die sogar Spaß machen und Dich auf der Karriereleiter nach vorne bringen können. Halte an Deiner Hochschule doch mal Ausschau nach diesen Institutionen: Fachschaftsrat, Mentorenprogramm und Moot Court.

10.1
DER FACHSCHAFTSRAT

Der Fachschaftsrat ist der Rat der Fachschaft – klar! Und was ist die Fachschaft? Es ist ganz einfach: Eine Fachschaft ist der Zusammenschluss aller, die dasselbe studieren. Du gehörst also ab Deiner Einschreibung an der Uni für Jura der Jurafachschaft an. Der Rat dieser Fachschaft vertritt schließlich die Interessen der Jurastudenten. Du kannst Dich in den Rat wählen lassen und hast Dich dann um gewisse Aufgaben zu kümmern. Dazu zählen beispielsweise die Organisation der Orientierungswoche für Erstsemester und Fachschaftspartys im Sommer oder um die Weihnachtszeit.

Manche veranstalten Juristenbälle, also eine Party mit feinen Kleidern, Liveband und Buffet. Beim Fachschaftsrat kann man auch Einsicht in Prüfungsprotokolle oder Altklausuren nehmen, die Verwaltung dieser Dokumente gehört auch zu den Aufgaben des Fachschaftsrates. Ebenso ist der Fachschaftsrat als Beratungsstelle da, die den Studierenden beim Studienbeginn oder bei Bewerbungen für Praktikumsplätze hilft. Auch mit sozialen Problemen der Studenten setzt sich die Studentenvertretung auseinander.

Der Fachschaftsrat trifft sich – je nach Engagement – etwa einmal wöchentlich, der Arbeits- und Zeitaufwand ist neben dem Studium also sehr gut zu schaffen. Natürlich gibt es heiße Phasen, etwa während der Einführungsveranstaltungen für Erstsemester oder während Partyvorbereitungen. Dafür kannst Du Dich auch mal freistellen lassen, wenn Du weniger Zeit hast.

Das Kind beim Namen nennen: An manchen Unis heißt der Fachschaftsrat auch Studiengangsausschuss, Studierendenrat, Studentenrat oder Fachschaftsvertretung. Ist aber alles dasselbe in Grün.

WIE WERDE ICH MITGLIED?

Wende Dich an den Fachschaftsrat an Deiner Hochschule und lass Dich auf die Liste setzen, dann musst Du nur noch von den Studierenden gewählt werden. Also schadet es nicht, Deine Freunde aufzufordern, für Dich zu stimmen bzw. andere von Dir zu überzeugen.

WAS NÜTZT ES MIR?

Absolutes Bonuspünktchen, das für die Mitgliedschaft der Studierendenvertretung spricht: Du bekommst eine Freischussverlängerung! Das ist in der Juristenausbildungsordnung verankert. Du bekommst also weitere sechs Monate mehr Zeit, Dich auf Dein Examen vorzubereiten, ohne die Möglichkeit einzubüßen, am Ende drei Versuche für das Examen zu haben.

Abgesehen davon bringt diese Arbeit, die nicht sehr umfangreich ist, Dich der Uni näher. Du kommst mit Verwaltungsaufgaben in Berührung und kannst Organisationstalent beweisen. Auch im Lebenslauf macht sich dieses Engagement gut.

10.2 DAS MENTORENPROGRAMM

Mentorenprogramme gibt es an den meisten Unis, an manchen werden sie ausschließlich für Frauen angeboten, aber an vielen sind sie jedem zugänglich, der sich etwas Führung wünscht, gerade in der Anfangsphase seines Studiums. Die Grundidee ist folgende:

Ein Mentee, der Studierende, bekommt einen Mentor, das ist meist ein berufserfahrener Jurist, der mindestens das erste Staatsexamen in der Tasche hat. Oft sind Mentoren aber bereits fertige Richter, Anwälte und andere im Berufsleben stehende Frauen und Männer. Sie geben Tipps und Infos zu ihren Berufen.

An manchen Unis sind Mentoren ausschließlich dafür da, über die Einstiegsphase des Studiums hinwegzuhelfen, durch gemeinsame Organisation des Studienverlaufs und Planung der Semester. In diesem Fall können auch Studenten höherer Semester Mentoren sein.

WAS BEINHALTET DAS MENTORENPROGRAMM FÜR ALLE?

Die neuen Studenten des ersten Semesters werden in kleinen Gruppen aufgeteilt und bei regelmäßigen Treffen mit Ratschlägen versorgt. Es gibt häufig zusätzliche Angebote, wie Klausurtraining, Stressbewältigungskurse, Mediationskurse und Ausflüge zu Gerichten, Justizvollzugsanstalten und mehr.[36] Hierbei sollen Mentoren die Verknüpfung zwischen den Lehrstühlen und den Studenten bilden, um Konflikte leichter zu lösen und die Kommunikation zu verbessern.[37]

Der Begriff »Mentor« stammt aus der griechische Mythologie: Mentor war ein Freund von Odysseus, der während dessen Irrfahrten die Erziehung seines Sohnes Telemachos übernahm.[38]

36 Quelle: www.jura.ruhr-uni-bochum.de/studium/mp/ (abgerufen 22. Juni 2013)

37 Quelle: www.jura.uni-wuerzburg.de/studium/tutoren_und_mentorenprogramm/ (abgerufen 22. Juni 2013)

38 Quelle: www.uni-potsdam.de/jurmep/ (abgerufen 22. Juni 2013)

WAS BEINHALTET DAS MENTORENPROGRAMM SPEZIELL FÜR FRAUEN?

An manchen Unis gibt es Mentorenprogramme, die ausschließlich für Frauen organisiert sind. Das beruht auf der Annahme, dass Frauen weniger gefestigte Netzwerke haben als Männer und im Berufsleben stärker zusammenhalten müssen. Mit dem Mentorenprogramm sollen die ersten Knötchen Deines Vitamin-C-Netzes (»C« steht in diesem Fall für »Connection«) geknüpft werden. Du und Deine Mentorin werdet nach Interessen aufeinander abgestimmt; wenn Du also schon ausschließen kannst, Anwältin werden zu wollen, wird Deine Mentorin sicher keine sein.

Du triffst Dich mit deiner Mentorin in regelmäßigen Abständen, etwa alle drei Monate, und kannst sie um Rat fragen. Geh nicht davon aus, dass sie Deine persönliche Privatlehrerin wird, die Dir bei den Hausarbeiten hilft. Deine Mentorin soll Dir mit Entscheidungen bezüglich des Jurastudiums helfen. In den ersten Semestern können es Tipps rund um Studium und Praktika sein.

Rhetorikseminare, Seminare für das richtige Bewerben oder Trainings, wie man das Examen psychisch gut durchsteht, können auch auf dem Angebotszettel stehen – die genaue Ausgestaltung obliegt natürlich der Organisation an der jeweiligen Hochschule. Auf jeden Fall kann man davon eigentlich nur profitieren.

WIE WERDE ICH MENTEE?

Meistens gehen die Vertreter des Mentorenprogramms zu Beginn des neuen Semesters in die Vorlesungen und machen eine Ansage mit den Informationen, wo Du Dich melden kannst. Ansonsten schau einfach mal auf der Homepage Deiner Fakultät nach, sicherlich findest Du auch hier die Anmeldebögen zu dem Programm.

10.3 DER MOOT COURT

Moot Courts[39] sind immer mehr an Unis im Kommen – sie lassen Dich mal so richtig von all dem theoretischen Kram an der Uni Abstand nehmen und schicken Dich dorthin, wo Juristen am dringendsten gebraucht werden: vor Gericht. Das ist natürlich fiktiv. Aber ziemlich realitätsnah. Du musst zusammen mit Deinem Team einen Fall, also Eure Seite des Falls, vorbereiten und mit dem Team der gegnerischen Seite sogar in Schriftverkehr treten, um die Verhandlung vorzubereiten. Am Ende wird es dann zur Verhandlung kommen. Und Du bist plötzlich richtiger Anwalt.

WELCHE VORTEILE BIETET DER MOOT COURT?

Der eben genannte Praxisbezug ist nur ein Argument. Außerdem beweist Du mit der Teilnahme an einem Moot Court hohe Einsatzbereitschaft und Interesse am jeweiligen Rechtsgebiet. Viele Moot Courts finden in englischer Sprache statt, das ist zwar eine riesige Herausforderung, falls Du kein Muttersprachler bist, aber auch eine unglaublich große Chance für Dich. Einerseits ist es eine tolle Übung und andererseits bringt es Dir Pluspunkte, zum Beispiel bei der Bewerbung bei international ausgelegten Stellen oder für einen LL. M. Beim Moot Court übst Du schon, was Du später im Job auf jeden Fall brauchst: Die Fähigkeit, Dich zu präsentieren. Freies, überzeugendes Sprechen, Stressbewältigung und eine schnelle Auffassungsgabe kann man sich antrainieren.

---

39 Quelle: www.law-insider.com/de/Jura-Studium/Moot-Courts-das-Praxissemester (abgerufen 30. Mai 2013)

Außerdem kann der Moot Court, genau wie die Mitgliedschaft beim Fachschaftsrat, zu einer Verlängerung des Freischusses führen. Die genauen Voraussetzungen findest Du in der Juristenausbildungsordnung Deines Bundeslandes. Erkundige Dich ansonsten lieber vorab an Deiner Universität.

11
ICH BIN DANN MAL WEG MIT ERASMUS INS AUSLAND

Ins Ausland zu gehen, um dort eine Weile zu studieren, ist inzwischen fast ein Muss für Studenten aller Fachrichtungen geworden. Im Jurastudium ist ein Auslandsaufenthalt aber eigentlich gar nicht erforderlich. Es gibt keinen Zwang, sein Studium international auszurichten. Die juristische Materie ist sehr auf das deutsche Rechtssystem ausgelegt, ist ja klar, um Richter zu werden, musst Du nicht zwingend Auslandserfahrungen vorweisen. Das mag anders sein, wenn Du in einer internationalen Großkanzlei arbeiten willst.

So oder so: Ins Ausland zu gehen ist eine Chance, die man nicht verpassen sollte. In diesem Kapitel verrate ich Dir ein paar Tricks für die Planung und Durchführung Deines Auslandsaufenthaltes.

11.1
DAS ERASMUS-PROGRAMM

Das Erasmus-Programm ist von der Europäischen Union ins Leben gerufen worden und unterstützt seit 1987 den Austausch von Studierenden innerhalb Europas. Am Erasmus-Programm nehmen die 27 EU-Länder sowie Island, Liechtenstein, Norwegen, die Türkei, Kroatien und die Schweiz teil.[40] Das Gute am Erasmus-Programm ist die Vorgabe für alle Partnerunis, keine Studiengebühren von den Erasmus-Studierenden verlangen zu dürfen. Damit ist Erasmus eine recht preiswerte Möglichkeit, an einer ausländischen Uni zu studieren. Welche Hochschulen welcher Länder mit Deiner Universität zusammenarbeiten, musst Du selbst erfragen. Das ist auch der erste Schritt auf dem Weg ins Ausland: Informiere Dich rechtzeitig.

TIMING IST DAS A UND O

Normalerweise kann man nicht vor Bestehen der Zwischenprüfung ins Ausland gehen, aber ab dem zweiten, spätestens dritten Semester etwa solltest Du Dich informieren, denn die Bewerbungsfristen sind meist ein Jahr vor Antritt des Programms vorbei. Viele gehen ab dem fünften Semester ins Ausland, also während der Zeit, in der man die großen Scheine macht, sprich das Hauptstudium absolviert. Du kannst für zwei Semester oder nur ein Semester ins Ausland gehen.

WAS MUSS ICH TUN, UM IN DAS PROGRAMM ZU KOMMEN?

Erkundige Dich beim Akademischen Auslandsamt (AAA) Deiner Uni. Es berät Dich und beantwortet Deine Fragen. In Deinem

40 Quelle: www.uni-potsdam.de/studium/ausland/studium/erasmus.html (abgerufen 30. Mai 2013)

Fachbereich Jura wird es einen bestimmten Koordinator geben, an den Du sicherlich auch die Bewerbung richten solltest. Mit ihm hast Du Dein Bewerbungsgespräch.

Bewerbungsvoraussetzungen sind meist, ...

- dass Du an Deiner Uni eingeschrieben bist.
- dass Du schon mehr als ein Jahr dort studierst.
- dass Du Sprachkenntnisse des Gastlandes erworben hast, damit Du dem Unterricht dort folgen kannst.

Für Deine Bewerbung brauchst Du ...

- Sprach- und Leistungsnachweise
- Motivationsschreiben
- manchmal eine Empfehlung eines Professors für das Programm
- die Bewerbungsbögen, die Du auf der Homepage des Akademischen Auslandsamtes Deiner Uni findest

Denke daran, Dich an Deiner Uni rechtzeitig für diese Zeit zu beurlauben! Du setzt also zwei Semester aus und verlierst so keine Zeit für den Freischuss im Examen.

Nachdem Du ins Programm aufgenommen wurdest, wird es etwa zu Beginn des Wintersemesters Informationsveranstaltungen für Interessenten geben. Die Zu- oder Absage kommt meist im Frühjahr, sodass Du dann noch etwa ein halbes Jahr Zeit hast, um Dich um den Flug, die Unterkunft und alles Weitere zu kümmern.

ADRESSEN, DIE DIR HELFEN WERDEN

Abgesehen vom Erasmus-Koordinator und dem AAA an Deiner Uni kann Dir der Deutsche Akademische Austauschdienst (DAAD) in Sachen Auslandsfragen sehr weiterhelfen. Auf der Homepage des DAAD, unter **eu.daad.de,** gibt es viele Informationen zum Erasmus-Programm. Hier findest Du außerdem noch einige andere Programme, die Dir zum Beispiel Praktika im Ausland oder Summerschools vermitteln.

WAS DU UNBEDINGT BEACHTEN MUSST, WENN DU IM PROGRAMM BIST

Du bist drin im Programm und mit der Bewerbung hat alles geklappt – jetzt darfst Du Dich aber nicht zurücklehnen und auf die Abreise warten. Es gilt noch einiges zu erledigen. Viele Dinge werden Dir der Koordinator des Erasmus-Programms und das AAA sagen. Aber diese drei Dinge musst Du auf jeden Fall rechtzeitig organisieren:

1) Belege den Sprachkurs, den Du vorweisen musst, rechtzeitig. Du musst ihn nicht an Deiner Uni selbst absolvieren, auch wenn Unikurse die kostengünstigste Variante sind (daher sind diese Kurse auch schnell voll). Wenn Du den Sprachkurs nicht an Deiner Uni belegst, solltest Du vorher abklären, ob er den Anforderungen für das Erasmus-Programm genügt.

2) Besorge Dir eine Kreditkarte! Im Ausland kostet das Geldabheben oft sehr hohe Gebühren, aber nicht mit der richtigen Bankkarte.

3) Beantrage rechtszeitig Auslands-BAföG. Das heißt mindestens ein Jahr vor Antritt Deines Auslandsaufenthaltes. Informationen hierzu findest Du unter **www.auslandsbafoeg.de** und beim Akademischen Auslandsamt. Und falls Du kein Inlands-BAföG bekommen solltest, probiere es trotzdem. Die Anforderungen sind nicht dieselben. Die Höhe der Förderung hängt auch von dem Gastland ab, in das Du gehen wirst.

!

Tipp: Falls Du BAföG im Inland beziehst, denke unbedingt daran, es nach Deinem Auslandsaufenthalt rechtzeitig neu zu beantragen.

11.2 IM AUSLAND ANGEKOMMEN

Oh là là, J'adore les fleurs! Déjame ser tu torero! Mangiare la pasta tutti i giorni!

Der Traum vom Süden, Du kannst ihn Dir verwirklichen. Das süße Leben voller Baguette, Rotwein, Käse oder eben Paella mit Krabben oder Pasta mit Carciofi. Dazu salzige Seeluft, laue Abende Flamenco tanzend auf der Straße – oder magst Du lieber Schnee und Smørrebrød? Es ist fast alles möglich! Dieses Erasmus-Programm ermöglicht Dir einen wunderbaren Einblick in fremde Kulturen. Und ganz schnell wirst Du merken: An die deutsche Verwaltung hat man sich doch mehr gewöhnt, als man sich das eingestehen wollte. Nicht selten geht die Verwaltung an nichtdeutschen Unis nicht so strukturiert vonstatten, sondern ist eher chaotisch. Was man da tun kann? Nichts! Schüttle die deutsche Steifheit ab und versuch Dich ein bisschen anzupassen: immer locker bleiben!

DIE ERSTEN SCHRITTE

Du musst Dich an Deiner Gastuni erst einmal immatrikulieren, Deine Unterlagen und Deinen Studentenausweis abholen. Es gibt meist direkt an der Uni eine Stelle, die sich um die Erasmus-Studenten kümmert. Auch Deinen Stundenplan bekommst Du ausgehändigt, manche Kurse musst Du selbst wählen, es kann auch Pflichtkurse geben. Es ist ratsam, am Anfang viele Kurse zu besuchen, so lernt man viele Leute kennen und erhält einen guten Überblick über das Studienangebot.

Merke: Vor Semesterbeginn gibt es oftmals das Angebot eines Sprachkurses für die Erasmus-Programm-Teilnehmer. So kannst Du frühzeitig Kontakte knüpfen, auch mit Leuten anderer Fachrichtungen.

11.3 ALLGEMEINE TIPPS FÜR DEINEN AUFENTHALT

Es gibt so ein Grüppchenbildungsphänomen: Schnell findet der Erasmus-Teilnehmer alle Erasmus-Teilnehmer aus seinem Heimatland und tut sich mit ihnen zusammen. Endlich wieder fließend deutsch sprechen, der Abflug ist ja schon 26 Stunden her. Also verabredet man sich auf den ersten Kaffee nicht mit Italienern, Spaniern, Franzosen oder Schweden, deren Bekanntschaft man ja eigentlich hier machen wollte, nein, man sitzt dann da mit anderen Bayern, Franken, Schwaben und Hessen und fühlt sich fast wie daheim, hach. Aber fremde Sprachen lernt man so nicht und fremde Kulturen – na ja die bayrische, fränkische, schwäbische oder hessische Kultur eben.

!

Tipp eins: Kämpfe dagegen an, in den Fluss nationaler Grüppchenbildung zu gelangen!

Du bist neu im Land und in der Stadt und die Sprache, die alle um Dich herum sprechen, ist fremd. Manchmal kann das Heimweh da sehr groß sein, gerade wenn man seinen Partner und seine Freunde zu Hause gelassen hat. Also setzt man sich abends vor den Rechner, schaltet Skype ein und hofft, dass einer der Freunde online ist. Nur, so erlebt man natürlich nichts. Allen Erasmus-Studierenden geht es anfangs so. Es ist immer das Gleiche, wie damals schon im Kindergarten: Am Anfang ist das Heimweh groß und am Ende willst Du gar nicht mehr nach Hause.

!

Tipp zwei: Hinein ins Vergnügen, stürz Dich gleich in neue Kontakte und Aktivitäten, anstatt die Abende allein in Deinem Zimmer zu verbringen!

Mal ganz ehrlich: Das Erasmus-Programm ist eine wundervolle Erfahrung, eine tolle Horizonterweiterung und gibt Dir die Möglichkeit, Lehrsysteme und Kulturen zu vergleichen, aber für Juristen ist es schlicht ein Aussetzen des Studiums. Wenn Du Dich im Staatsexamensstudiengang befindest, kannst Du Dir keine Deiner im Ausland erbrachten Leistungen anrechnen lassen (es sei denn, Deine Uni ist sehr kulant, in der Regel klappt es aber nicht). Juristen sind somit weniger motiviert, das Studium im Ausland tatsächlich durchzuziehen, klar, denn man kann ja kein Semester weiterkommen. Trotzdem musst Du an Deiner Heimatuni aber später Leistungen vorweisen. Außerdem kann das Studium im Ausland interessant sein, um später den Vergleich zum eigenen Lehrsystem ziehen zu können. Du bist auch recht frei in der Wahl Deiner Kurse, kannst also interdisziplinär Deinen Interessen nachgehen und Dich vielleicht schon in Richtung Deines späteren Schwerpunktes orientieren.

!

Tipp drei: Such Dir interessante Kurse, die Du gern besuchst, und orientiere Dich schon ein wenig in Richtung des Schwerpunktes, den Du zu Hause vielleicht belegen möchtest!

Wenn Du wieder zurück in der Heimat bist, nach einem oder zwei Semestern, wird es Dir bestimmt ziemlich schwerfallen, Dich sofort wieder wie zu Hause zu fühlen. Dann geht die Uni wieder los, Du musst wieder den alten Lerntrott aufnehmen und effektiv arbeiten und es winkt nicht an jedem Abend eine Party. Wenn Du Dich darauf mental ein wenig vorbereitest, wird es vielleicht nicht so schlimm. In jedem Fall war es Dein Auslandsaufenthalt bestimmt absolut wert.

Nach dem Erasmus-Programm hast Du die großen Scheine wahrscheinlich teilweise noch nicht absolviert und Du hast auch noch den Schwerpunkt vor Dir. Zu diesen Phasen habe ich Dir in den Kapiteln 8 *Das Grund- und das Hauptstudium* und 9 *Das Schwerpunktstudium* schon einiges erzählt. Nach dem Schwerpunkt geht es in die Examensvorbereitung, sprich: die Zeit des Repetierens!

12
DAS REPETITORIUM

»Repetere!«, das heißt »Wiederhole!« auf Lateinisch. Ein Damoklesschwert hängt über den Köpfen der Jurastudenten, denn auf alle, die es mit dem Examen ernst meinen, kommt etwa ein Jahr vor der großen Prüfung die Zeit des Wiederholens zu.

An dieser Stelle finde ich Folgendes beachtlich:
Im Lateinwörterbuch steht direkt neben »Repetere« (»wiederholen«) auch »Poenas Repetere« (»Rache nehmen/Strafe fordern«). Diese unmittelbare Aneinanderreihung scheint nicht ganz weit hergeholt. Mehr will ich nicht dazu sagen.

Im Unterricht wird die Wissensvermittlung in diesem Jahr komprimiert und gestrafft. Es wird sich auf das Wesentliche und ausschließlich Examensrelevante konzentriert, effektiv soll es sein. Das ist die Zeit, in der einem Nullachtfünfzehn-Jurastudenten auffallen wird, dass er im Grundstudium doch nicht so gut hingehört hat, wie er angenommen hatte. »Ich wusste, diese ominösen ›Kreditsicherheiten‹ werden noch wichtig«, denkt man sich dann und guckt beschämt auf den Boden, wenn der Repetitor, also derjenige, der die Veranstaltung leitet, fragt, was man noch so über die Bürgschaft wisse.

Bitte merken: Eine Antwort, die meistens richtig ist, lautet: »Das kommt darauf an!«. Hangle Dich damit im Unterricht durch, bis Du weißt, wovon Du sprichst.

12.1 DIE RICHTIGE WAHL TREFFEN: KOMMERZIELLES REP ODER UNI-REP?

Universitäten bieten meist selbst Reps an. Auch hier wird komprimiertes Wissen vermittelt, allerdings von denselben Professoren, die Du aus Deinem Grundstudium kennst. Das heißt im Klartext: Es sind wieder verschiedene Altmeister-Professoren, die Dir die Dinge beibringen. Bei kommerziellen Repetitorien gibt es meistens einen Repetitor, der Strafrecht macht, und jeweils einen für das Privatrecht und Öffentliche Recht.

Der Vorteil des kommerziellen Reps liegt darin, dass Du nicht mit vielen verschiedenen akademischen Lehrmethoden von Wissenschaftlern und Theoretikern klarkommen musst. Du wirst es hier meistens mit Praktikern zu tun haben, die Dir die sogenannte »herrschende Meinung« in Streitfragen vermitteln. Dennoch sei gesagt: Die Universitäten mögen die kommerziellen Repetitorien nicht. Das begründen die Unis mit der, meiner Meinung nach, nicht unberechtigten Annahme, die Reps schlügen aus der Angst der Studierenden Gewinn. Denn die kommerziellen Repetitorien sind sehr teuer und üben einen gewissen Gruppenzwang aus. Wenn mein Kommilitone sich für den noch einmal hundert Euro teuren Crashkurs am Wochenende anmeldet, dann muss ich das natürlich auch machen! Die Unis haben hier jedenfalls recht, wenn sie behaupten, dass kommerzielle Repetitorien von Deinem schlechten Gewissen profitieren. Und dennoch, wenn ich etwa 1.500 Euro für einen Jahreskurs Rep ausgebe, dann wäre es sehr dumm, nicht hinzugehen. Wenn das als Motivationsspritze dient, ist es nicht schlecht. Wer gewissenhaft selbstständig jeden Tag arbeiten kann, für den ist das Unirepetitorium absolut die preiswertere und ebenso gute Variante.

!

Tipp: Definitiv empfehlenswert ist es, einfach überall »zur Probe zu hören«, das heißt, schnapp Dir einen Studienkollegen, der sich auch noch nicht für ein Repetitorium entschieden hat, und setzt Euch in die Probeveranstaltungen. Das solltest Du schon etwa ein halbes Jahr vor Beginn des Reps anfangen, dann kannst Du Dich in Ruhe über die Angebote, Vergünstigungen, den Kursaufbau und natürlich die Ferienzeiten informieren.

Hier ein paar überregionale kommerzielle Reps:
Alpmann Schmidt: **www.alpmann-schmidt.de**
Hemmer: **www.repetitorium-hemmer.de**
Jura Intensiv: **www.jura-intensiv.de**
Akademie Kraatz: **www.akademie-kraatz.de**
Kiss Akademie (vor 2013: Beck Akademie): **www.jura-rep.de**

Es gibt natürlich unzählige mehr, diese hier bieten in mehreren Städten Kurse für das erste und zweite Examen an. Aber denke daran: Die Angebote variieren von Stadt zu Stadt. Deshalb sei Dir das Probehören bei allen Reps ans Herz gelegt, dann kannst Du selbst entscheiden, ob Dir die Dozenten in Deiner Stadt gefallen. Lernt man nicht besser von sympathischen Menschen? Jedenfalls hört man ihnen lieber zu.

12.2 DER KLAUSURENKURS

Klausurenkurs, das Horrorwort für alle Rep-Anfänger! Dass Juristen ein bisschen anders sind als andere Studis, merkt man an dieser Institution: freiwilliges Klausurenschreiben. Ein- bis zweimal pro Woche treffen sich die Examenskandidaten und tun so, als sei nun Examenszeit. Das heißt, pünktlich um neun Uhr sitzt man vor einem Sachverhalt und versucht, ihn ohne illegale Hilfsmittel und Schummeln in fünf Stunden zu lösen. Im Anschluss gibt man seine Klausur ab und bekommt sie schließlich irgendwann korrigiert zurück. Nur eines ist anders: Diese Note zählt einzig und allein für Dich, um einschätzen zu können, was Du eigentlich kannst. Niemand sonst schreibt diese Note auf, merkt sie sich oder nimmt sie überhaupt zur Kenntnis. Das kann manchmal ziemlich frustrierend sein.

KLAUSUREN ZU SCHREIBEN NERVT. KANN ICH DAS NICHT EINFACH LASSEN?

Leider nein. Unterschätze das Klausurenschreiben nicht, es ist das A und O eines erfolgreichen Examens. Wer saubere Gutachten schreiben kann und in der Lage ist, bestimmte Formulierungen und Definitionen einfach abzuspulen und aufzuschreiben, der wird in den echten Examensklausuren schließlich die Zeit haben, sich mit den kniffeligen Problemen zu beschäftigen. Fünf Stunden klingt nach viel Zeit, sie reichen aber ohne gutes Zeitmanagement kaum aus.

WO WERDEN KLAUSURENKURSE ANGEBOTEN?

Die Klausurenkurse werden an Deiner Uni meist kostenlos oder zumindest für wenig Geld angeboten. Dafür bekommt man dann die korrigierten Klausuren erst nach zwei bis vier Wochen beim Termin der Klausurbesprechung zurück. Bei den kommerziellen Repetitorien liegen Schreiben und Besprechung der Klausur normalerweise nicht so weit auseinander, dafür zahlt man mehr. An den Unis ist der Druck, die Klausur tatsächlich zu schreiben, abzugeben und erst nach fünf Stunden wieder zu gehen allerdings nicht so groß, da es oft keine Aufsichtsperson gibt. Dann kann geschummelt werden. Man nimmt sich immer vor, das nicht zu tun, es ist ja Selbstbetrug und schadet einem nur – doch die Versuchung ist oft zu groß. Am Anfang, wenn man noch etwa fünf oder sechs Monate Zeit bis zum Examen hat, ist das sicher auch nicht allzu schlimm. Danach allerdings sollte man es irgendwie schaffen, eine Klausur von vorne bis hinten ohne Schummeln,

Spicken und Abgleichen mit Kommilitonen zu schreiben. In der richtigen Examenssituation ist es ärgerlich, wenn Dir plötzlich auffällt, dass Du das noch nie allein gemacht hast.

!

Tipp: Lass Dich von schlechten Klausuren nicht unterkriegen, denn aus denen lernst Du am meisten. Man macht selten denselben Fehler zweimal und schließlich wird die Klausur besprochen. Frag nach, bis Du einen Aha-Effekt erlebst, dann bleibt das Wissen garantiert bei Dir hängen.

WIE VIELE KLAUSUREN MUSS ICH SCHREIBEN, UM »GUT« ZU SEIN?

Wann bin ich »gut« in Jura? Auf diese Frage wirst Du vielleicht nie eine Antwort bekommen, sie ist nicht einfach zu beantworten. Fragt man bei Repetitorium, Uni oder Kommilitonen nach, wie viele Klausuren man geschrieben haben muss, um jedenfalls gut auf das Examen vorbereitet zu sein, variieren die Antworten. Oft hört man fünfzig. Diese Zahl ergibt sich, wenn man davon ausgeht, dass Du Dich etwa ein Jahr lang auf das Examen vorbereitest und es jede Woche eine Klausur gibt – das Jahr hat schließlich 52 Wochen. Manche Leute, von denen Du Dich lieber fernhalten solltest, übertreiben wirklich. Mir hat jemand erzählt, ich müsse mindestens 75 Klausuren schreiben, er versuche hundert zu schaffen, um »auf Nummer sicher zu gehen«. Das hat mir richtig die Laune verdorben. So etwas kann Dich absolut stressen und unter Druck setzen, für nichts und wieder nichts. Wenn Du Dich drei Jahre lang vorbereitest, dann schaffst Du es bestimmt, hundert

Klausuren zu schreiben, aber es bringt nichts, nur Klausuren zu schreiben, wenn man keine Zeit mehr hat, den Stoff dafür zu lernen. Orientiere Dich an der Zahl fünfzig, aber gerate nicht in Panik, wenn es nur 35 werden. Dann hast Du doch trotzdem schon rund viermal das ganze Examen geprobt (denn es besteht aus etwa fünf bis acht Klausuren; wie es in Deinem Bundesland ist, entnimm der Übersicht in Kapitel 17 *Weiterführende Informationen*).

12.3 DIE LERNGRUPPE

Lerngruppe? Das klingt nach einem Treff für Streber, Nerds und Geeks. Mag sein, aber irgendwann muss man für Jura zum Streber werden. Als Jurastudent in der Examensphase lernt man ganz anders als noch im Hauptstudium oder etwa als Bachelorstudent. Es gibt nicht diesen Endspurt nach dem Motto »Oh, in zwei Wochen ist die Klausur, jetzt lerne ich plötzlich nonstop«. In manchen Studiengängen ist das Lernen wie Pflasterabreißen: Kurz und heftig. Bei Jura ist das anders. Das Jurastudium ist ein langer und stetiger Prozess. Am Anfang will man es nicht wirklich glauben, aber mit dem Lernen kontinuierlich am Ball zu bleiben, ist schwer. Aber es muss sein, weil der Stoff so umfangreich ist. Dabei hilft die Lerngruppe.

WIE DU EINE LERNGRUPPE FINDEST

Deine Lerngruppe ist keine feste Institution, Du musst sie Dir erst suchen. Du wirst merken, dass ab dem Repetitorium viele auf der Suche nach Lerngruppen sind oder vielleicht schon welche gegründet haben. Das ist bei Jura absolut gang und gäbe. Sprich Leute an, von denen Du glaubst, dass sie im Stoff in etwa so weit sind wie Du. Die Gruppe sollte nicht größer als fünf Personen sein. Drei halte ich persönlich für eine gute Zahl (Geschmacksache), denn wenn zwei keine Ahnung haben, weiß ein Dritter manchmal die Lösung. Angeregte Diskussionen sind super, aber vielleicht wird es ab fünf Personen etwas zu laut und es geht durcheinander, das kann kontraproduktiv sein.

WIE LERNT MAN IN DER LERNGRUPPE?

Und dann sitzen alle so da und keiner weiß, was er tun soll. Klar, gibt ja auch keinen Bandenchef. Deshalb: Gebt Euch Aufgaben. Viele Lerngruppen fahren sehr gut damit, sich immer in der vorigen Woche abzusprechen, was in der nächsten Woche besprochen wird. Das kann so aussehen: Ein Gruppenmitglied stellt einen aktuellen Fall aus dem Strafrecht vor, erklärt den Sachverhalt, die Entscheidung des Gerichts und die Gründe des Urteils. Dazu sollten die Grundlagen des Falles, das juristische Thema also, besprochen und wiederholt werden.

!

Tipp: Aktuelle Fälle findet Ihr entweder in den einschlägigen Fachzeitschriften, etwa der JuS, der JA, der NJW und anderen oder im Internet, zum Beispiel unter **www.juraexamen.info**.

Aktuelle Fälle sind auch zur eigenen Vorbereitung sehr wichtig, im schriftlichen Examen, aber vor allem in der mündlichen Examensprüfung werden oftmals tatsächlich geschehene Begebenheiten abgeprüft. Eine Übersicht ausgewählter Zeitschriften findest Du in Kapitel 17 *Weiterführende Informationen.*

Trefft Euch also am besten immer zur gleichen Zeit einmal in der Woche, dann ist das ein fester Termin, der im Kalender steht und somit leichter einzuhalten ist. Wenn man sich immer neu verabreden muss, vergehen drei, vier Wochen ganz schnell und man bemerkt nicht einmal, dass man sich gar nicht mehr getroffen hat.

12.4 ALLGEMEINE LERNTIPPS

Von der Schule wurde man noch richtig verwöhnt, was die Menge des Lernstoffs anging. Das hast Du nicht bemerkt? Dann merkst Du es im Studium. Der Lernstoff, das wage ich so verallgemeinernd zu sagen, vermehrt sich ab dem Abitur stetig. Im Abitur ging es für Dich wahrscheinlich zum ersten Mal ans Eingemachte und Du musstest Dir Lernzeiten einteilen, um bis zu den Klausuren all den Stoff zu beherrschen. Das war plötzlich mehr Aufwand als nur Hausaufgaben und mündliche Beiträge während des Unterrichts.

Stetiges und kontinuierliches Lernen ist bei Jura schon ab dem ersten Semester wichtig. Die Grundlagen musst Du jedenfalls auch bis zum Hauptstudium begriffen haben, sonst wird der weitere Verlauf des Studiums schwierig. Ich will Dir aber keine Angst machen, sondern Dir helfen, mit der Menge, die Du zu lernen hast, gut zurechtzukommen – am Anfang eines jeden Langzeitprojekts steht immer ein guter Plan!

FENG-SHUI AM ARBEITSPLATZ

Die Umgebung ist enorm wichtig für den Lernerfolg. In Kapitel 8 *Das Grund- und das Hauptstudium* habe ich Dir bereits die Bibliothek als idealen Arbeitsplatz vorgestellt. Du willst zu Hause lernen? Auch gut. Aber achte darauf, dass Du Freizeit und Arbeit räumlich trennst. Solltest Du ein WG-Zimmer haben und Dir kein extra Arbeitszimmer zur Verfügung stehen, richte Dir trotzdem eine Arbeitsecke ein. Dein Arbeitsplatz, im besten Fall ein großer Schreibtisch, sollte genügend Platz bieten für zwei große Gesetze links und rechts und Deinen Block und/oder Deine Karteikarten in der Mitte. Zu den Vor- und Nachteilen von Karteikarten- und Blocksystem komme ich weiter unten. Leg alle Sachen, die Du brauchst, in Reichweite, so musst Du nicht ständig aufstehen. Dein Stuhl sollte bequem sein und besonders wichtig ist eine richtig helle Schreibtischlampe. Das Licht fördert die Konzentration, hält Dich wach und wirkt sich positiv auf Deine Laune aus. Und für die Augen ist es natürlich sowieso besser als schummriges Licht.[41] Für Deinen Arbeitsplatz gilt immer: Mach es Dir bequem, aber nicht so bequem, dass Du einschlafen könntest.

41 Einige der Tipps sind www.juraforum.de/juraexamen/lerntipps/ entnommen (abgerufen 30. Mai 2013).

Tipp eins: Ein und derselbe Arbeitsplatz tagein, tagaus, kann tatsächlich ermüdend wirken. Schon kleine Veränderungen helfen, wie etwa abwechselnd in verschiedenen Bibliotheken und manchmal zu Hause zu lernen. !

Tipp zwei: Leg ausreichend Pausen ein! Sie sind wichtig, mach mehrmals kurze Pausen zwischendurch. Wenn Du merkst, dass Deine Konzentration nachlässt, geh lieber für zehn Minuten an die frische Luft und trink etwas, dann geht es danach wieder besser. !

12.5 ZEITMANAGEMENT

Während des Studiums ist ein etwas anderes Zeitmanagement erforderlich als in der einjährigen Examensvorbereitung, also will ich das hier aufteilen:

ZEITMANAGEMENT IN GRUND- UND HAUPTSTUDIUM

Du wirst anfangs noch etwas freier in Deiner Zeitgestaltung sein und kannst Dich gut nach dem Stoff richten, der Dir in Vorlesungen und Übungen vermittelt wird. Wiederhole den Stoff der Lehrveranstaltung immer direkt im Anschluss oder einen Tag später. Leg Ordner mit den Materialien in zeitlich richtiger Reihenfolge an. Aus Skripten oder Lehrbüchern passende Stellen in eigenen Worten zusammenzufassen, sorgt für das Verständnis. Gehe den jeweiligen Ordner dann etwa ab einem Monat vor der Klausur komplett von vorne bis hinten durch. So hast Du bereits während des Semesters den Grundstock gebildet. Ein Monat sollte dann etwa für die Wiederholung reichen, das musst Du aber Deinem Lerntempo entsprechend für Dich selbst herausfinden.

! **Tipp eins:** Es lohnt sich, Definitionen bereits von Anfang an zu pauken. Immer wieder! Dann kannst Du sie schon im Schlaf, wenn Du zum Examen schreitest. Hierfür ist das Karteikartensystem eine gute Methode.

! **Tipp zwei:** Ich empfehle Dir, Dir die Zeit vor einer Prüfung mithilfe eines Kalenders einzuteilen. Am besten, Du zählst die Dir bis zum Prüfungstag verbleibenden Tage und teilst dann Deinen Lernstoff je nach Themengebiet in passende Häppchen. Aber sei nicht zu streng mit Dir und gib Dir lieber zu viel als zu wenig Zeit, sonst kommt schließlich doch noch Panik auf.

ZEITMANAGEMENT IN DER EXAMENSVORBEREITUNG

Während Deines Repetitoriums gilt es einen viel umfassenderen Zeitplan zu erstellen. Ein Jahr lernen, das ist lang. Deine Freunde aus anderen Studiengängen werden Dich für verrückt erklären (gewöhn Dich daran), wenn Du sagst: »Ich schreibe ja jetzt Examen, also muss ich jeden Tag lernen«. Da ist noch niemand

verwundert, doch auf die Frage »Wann ist denn das Examen?«, antwortest Du schließlich etwas Ähnliches wie: »In sieben Monaten!« Daran merkt man, das Zeitgefühl eines Juristen ist anders als das der anderen Studenten. »Jetzt« wird zu einem sehr dehnbaren Begriff. Aufgrund der Stoffmenge fühlt sich das Examen in sieben Monaten eben sehr zeitnah an. Darum: früh planen!
Eine gute Nachricht ist, dass Du das nicht alles allein planen musst. Dein Repetitorium leitet Dich mit seinem Kursaufbau ein bisschen durch die Materie. Trotzdem musst Du den Stoff letztendlich allein lernen, deshalb lege ich Dir die Einhaltung folgender Regeln für die Zeit des Repetitoriums ans Herz:

- Geh immer zum Repetitoriumskurs, nicht schwänzen!

- Bist Du dort, pass auch wirklich auf und schreib mit, auch wenn Du Materialien ausgeteilt bekommst. Das Mitschreiben bewirkt, dass Du mit Deiner Konzentration beim Repetitor bist und nicht gedanklich an einem Strand auf den Malediven umherwanderst.

- Nach dem Kurs sofort ab zum Lernplatz! Deshalb ist es so gefährlich zu Hause zu lernen, es verleitet zum Faulenzen. Hat man sich erst einmal auf die Couch begeben, steht man selten wieder auf. Wer nach dem Kurs zusammen mit seinen Mitstreitern erst etwas zu Mittag isst und dann in eine Bib geht, bleibt besser bei der Stange.

Am Lernplatz angekommen, solltest Du wiederholen, was Dir im vorigen Kurs beigebracht wurde. Etwas noch nicht verstanden? Super, wenn Du das jetzt bemerkst. Schreib Dir die Frage auf und stelle sie beim nächsten Termin, da wird sowieso wiederholt.

Hältst Du diese Regeln ein, wirst Du weniger Zeitprobleme haben, denn so wirst Du, wenn das Repetitorium vorbei und das Examen nahe gerückt ist, alles, was Du wissen musst, immerhin schon einmal gehört, dann gelesen und gelernt haben. Im wöchentlichen Klausurenkurs spulst Du das Wissen immer wieder ab. Das ist die perfekte Ausgangsposition, auch wenn so manches noch nicht in Deinem Gehirn abgespeichert sein wird. Im nächsten Schritt musst Du dann herausfinden, was Du noch nicht kannst und was Du besser wiederholen solltest.

Doch wie soll man überhaupt lernen? Schon ab dem ersten Semester kannst Du anfangen, Dir ein gutes System aufzubauen, das für Dich individuell funktioniert. Dann bist Du in der Examensvorbereitung quasi schon ein geübter Lernprofi.

12.6 DIE LERNSYSTEME: KARTEIKARTEN VS. SCHREIBBLOCK

Karteikarten werden sehr häufig von Jurastudenten als Lernmethode genutzt. Für viele ist es eine sehr gute Methode, um das Gelernte durch ständiges Wiederholen abzuspeichern.

WIE FUNKTIONIERT DAS KARTEIKARTENSYSTEM?

Eigentlich ganz einfach: Auf die Vorderseite der Karteikarte kommt der Überbegriff, auf die Rückseite dann die Erklärung oder Definition oder das Prüfungsschema. So einfach ist es aber doch wieder nicht, denn diese Karteikarten sind natürlich nur sinnvoll, wenn Du sie nachdem Du sie angelegt hast, auch immer wieder wiederholst! Es passiert nicht selten, dass man sich absolut fleißig und motiviert in die Arbeit stürzt und endlos viele Karteikarten anfertigt. Dann sieht man plötzlich den Stapel, der vom Boden bis unter die Zimmerdecke reicht, und denkt sich: »Ach Du meine Güte und das war nur Strafrecht«. Dann verlässt einen ganz schnell die Motivation und man will die Dinger nie wieder in die Hand nehmen.

Hierfür ein paar Tipps:

Tipp eins: Benutze Karteikarten der Größe DIN A6. Du musst mit dem Platz auskommen, denn Du sollst keine Romane verfassen, sondern kurze prägnante Stichworte und Definitionen wiederholen. Karteikarten sind zur Wiederholung und nicht für das Verstehen der Materie gedacht. Konzentriere Dich auf das Wesentliche! !

Tipp zwei: Lege Karteikarten zu einem Thema an und trenne diese dann, etwa durch ein Lesezeichen, von Karteikarten eines anderen Themas. !

Tipp drei: Wenn Du Karteikarten erstellst, geh sie gleich im Anschluss alle noch einmal durch und versuche dann, das regelmäßig zu wiederholen. !

!

Tipp vier: Später kannst Du sie in Gruppen aufteilen, zum Beispiel »Kann ich schon«, »Kann ich nicht sicher« und »Kann ich gar nicht«. Dann weißt Du, worauf Du Dich besonders konzentrieren musst.

Karteikarten sind also eine sehr gute Methode, um Dinge in Dein Gedächtnis zu hämmern. Sehr wichtig ist aber auch das Verständnis der Materie – Jura ist eben nicht nur stures Auswendiglernen. Hierfür sind Zusammenfassungen eine super Sache. Eine Kombination aus beiden Lernsystemen wird schließlich den gewünschten Erfolg bringen. Das andere System nenne ich einfach mal »Schreibblocksystem«.

WIE FUNKTIONIERT DAS SCHREIBBLOCKSYSTEM?

Dieses System ist ebenfalls ab dem ersten Semester zu empfehlen. Du wirst sicherlich in den Vorlesungen Material erhalten, zum Beispiel Skripte, oder Du bekommst eine Literaturliste mit Büchern, die Du Dir besorgen sollst, die in etwa das behandeln, was der Professor euch während dieses Semesters beibringen möchte. Also nimmst Du Dir das entsprechende Buch oder Skript und unterstreichst beim Lesen die wichtigen Stellen, danach fasst Du das Gelesene in eigenen Worten in Deinem Schreibblock zusammen. So stellst Du fest, ob Du die Zusammenhänge wirklich begriffen hast. Durch das Umformulieren leistet das Hirn eine zusätzliche Arbeit, die dafür sorgt, dass Du Dir den Stoff besser merken kannst. Wenn Du das am Anfang schon gründlich machst, kannst Du auf Deine angelegten Blöcke später wieder zurückgreifen.

JEDER LERNT ANDERS

Solltest Du ein absolutes Superhirn mit fotografischem Gedächtnis sein, brauchst Du diese Lerntipps natürlich nicht. Leider sind das aber die wenigsten. Und bevor Du mir jetzt wegen all des Aufwands innerlich einen Vogel zeigst, rate ich Dir, es lieber mal auszuprobieren. Falls diese Lernmethoden Dir persönlich aber nicht helfen, bekomm keine Panik, sondern finde heraus, was für Dich der beste Weg ist. Vielleicht merkst Du Dir immer besonders die Formulierungen und Erklärungen des Professors während der Vorlesungen? Gut, dann bist Du eben ein auditiver Lerner. Dann frage an Deiner Uni nach, ob Du Mitschnitte der Vorlesungen machen darfst (Achtung: Das ist nicht immer erlaubt und in kommerziellen Reps bestimmt nicht!). Dann kannst Du Dir die Erklärungen mehrfach anhören. Manche Professoren erstellen selbst Mitschnitte ihrer Vorlesungen, die man auf CD oder als MP3 erhalten kann.

Vielleicht merkst Du Dir Sachen besonders gut aufgrund visueller Effekte? Dann versuche, Dir Mindmaps für gewisse Probleme zu erstellen, oder markiere den Text, den Du liest, in mehreren Farben, das kann auch schon helfen. Mindmaps für jedes noch so winzige Problem zu erstellen, kann aber ganz schön Zeit kosten.

MIT DEM STROM SCHWIMMEN: LERNEN, LERNEN, LERNEN

Trotz all der Tipps ist Lernen aber trotzdem nur Lernen und das bedeutet Arbeit. Da hilft nur, sich das Ganze immer wieder schönzureden. Aber wenn Du in einer Lerngruppe bist und während der Examensvorbereitung fleißig Rep und Klausurenkurs besuchst, dann schwimmst Du schon sehr gut mit im Strom derer, die gute Chancen haben, ein sauberes Examen zu machen. In der Examenszeit ist das Leben, da will ich ganz ehrlich mit Dir sein, an vielen Tagen nicht mehr als das:

Du stehst früh auf, gehst in die Bib, normalerweise gegen etwa neun Uhr morgens. Du beginnst zu lernen, machst um halb eins etwa eine Stunde Mittagspause, pünktlich um halb zwei geht es zurück an den Schreibtisch. Vielleicht gibt es gegen 16 Uhr noch einmal eine halbe Stunde Pause und dann machst Du noch so lange weiter, wie Du kannst. Aber vor 19 Uhr ist selten Schluss. So sieht das Leben eines Otto-Normal-Jurastudenten leider aus, während er nur noch Monate bis zum Examen hat. Dabei wächst die innere Unruhe und oft, wenn man abends nach Hause kommt, hat man das Gefühl, nichts geschafft zu haben. Trotzdem muss man mit diesem Strom schwimmen und nach dem Motto »Augen zu und durch!« so lernen wie die anderen Jurastudenten.

HART ABER FAIR: ÜBER JURISTEN ZUM THEMA REPETITORIUM

Wir jammern immer! Ab Einstieg in das Repetitorium schleift sich der Jurastudent mit gesenktem Haupt morgens in die Bibliothek, um möglichst viel zu »schaffen«. Fragt ihn abends ein Freund, wie sein Tag war, hält der Jurist kurz inne für eine kleine Überschlagsrechnung: Was habe ich heute geschafft? Ich glaube nichts. Dann antwortet er: »Mein Tag? Ja, Bib halt.« Und lässt den Kopf wieder hängen. Mitleid all derer, die nicht so einen schweres Los mit ihrem

Studium gezogen haben, ist Balsam für unsere Seele. Und jetzt habe ich auch noch eine Sehnenscheidenentzündung vom Klausuren Schreiben bekommen!

Auch muss die Zeit immer sinnvoll ausgenutzt werden! Der Jurist sitzt nicht einfach nur da und tut nichts. Im Bus zur Uni? Da werden Karteikarten gepaukt. Beim Joggen? Wird die Vorlesung über MP3 gehört. Beim Duschen? Hört man Nachrichten aus dem Radio. Beim Kaffee mit der Oma? Werden unterm Tisch per Whatsapp Kontakte mit den Freunden gepflegt. Fazit: Der Jurist wird im Repetitorium zum jammernden Multitaskingprofi.

Jetzt kommt das große Aber. Lass Dich nicht verrückt machen. Und wie? Das folgt im nächsten Kapitel.

13
ENTSPANN DICH MAL!

Es ist nicht leicht, mit den Füßen auf dem Boden zu bleiben, während der Kopf nur ans Examen denkt. Jedem geht es einmal so, dass er seine Mitstreiter einfach nicht mehr sehen kann. Jeden Tag kommt jemand mit einem anderen Thema, das angeblich »absolut heiß« ist, was bedeuten soll, dass es auf jeden Fall im Examen abgefragt wird. Das ist Blödsinn! Lass Dich nicht davon verrückt machen. Nicht nur in meinem Examen kam keines der als absolut heiß gehandelten Themen dran. Woher diese Leute ihre Infos haben? Keine Ahnung. Manchmal entsteht der Eindruck, die Studierenden würden sich diese Gerüchte selbst ausdenken, um andere verrückt zu machen. Du sollst es aber besser wissen und damit Du einen kühlen Kopf behältst, kommen hier die absoluten Dos und Don'ts der Examensvorbereitung.

Gegen den Strom schwimmen: Leg das Lernzeug weg! Solltest Du es schaffen, immer dann, wenn Du nicht lernst, auch nicht an Jura zu denken, wärst Du der Inbegriff der inneren Ausgeglichenheit und hättest Ruhe und Frieden, um die andere Dich beneiden würden. Das wäre das Ideal! Das wird aber wahrscheinlich nicht gehen. Trotzdem musst Du Dich manchmal zwingen, eben nicht zu lernen. Dann legst Du, etwa an einem Samstagabend, die Arbeit nieder und beginnst in einen entspannten Samstagabend zu starten. Der Sonntag sollte dann nur Dir gehören. Verabrede Dich, schlaf lang oder geh spazieren, mach Sport oder triff Deine Familie. Auf jeden Fall lass Jura an diesem Tag ein Tabuthema sein, falls es Dich stresst. Bitte Deine Eltern und Freunde, Dich an diesem Tag einfach nicht danach zu fragen und genieß den Tag ohne ein schlechtes Gewissen zu haben. Es ist natürlich nicht verboten, an Jura zu denken, Hauptsache ist aber, dass es Dich nicht stresst! Gerade in den letzten Monaten vor dem Examen sind Stressgefühle unter den Jurastudenten aber leider immer häufiger. Da lässt einen dann schon das Wort »Examen« erschaudern und eine Gänsehaut kriecht einem den Rücken hoch, verbunden mit dem sofortigen Bedürfnis, sich wieder an den Schreibtisch zu setzen und weiter zu büffeln.

Nimm Dir Freizeit! Du brauchst den Ausgleich, um danach wieder motiviert und ausgeruht ans Werk gehen zu können.

Gönn Dir Schlaf! Du brauchst ausreichend Schlaf, damit Dein Gehirn die Menge an Stoff abspeichern kann. Müde am Schreibtisch zu sitzen, bringt Dir unterm Strich viel weniger, als wenn Du von vornherein eine Stunde länger schläfst.

Setz Dir Scheuklappen auf! Hör nicht hin, wenn Dir jemand erzählt, wie viel er am Wochenende gelernt hat. Lass Dir auch nicht jedes Thema als besonders heiß fürs Examen verkaufen.

Stell selbst fest, was Du schon kannst, noch nicht kannst und noch lernen musst! Sei ehrlich zu Dir selbst, nur Du kannst das wissen. Niemand sonst. Konzentriere Dich darauf.

Versuche, Dich nicht selbst runterzumachen, nach dem Motto »Ich kann das alles nicht!«. Sei stattdessen positiv und formuliere lieber »Einiges kann ich schon und ich habe ja noch Zeit!«

Mach Sport, bei dem Du abschalten kannst! Kopf aus, Körper an.

Wenn Du Angst vor dem Examen hast, vertraue Dich jemandem an, der es schon hinter sich hat! Vielleicht ist ein Repetitor der geeignete Ansprechpartner. Falls er Dich im Unterricht oft erlebt hat, kann er Dir auch eine Einschätzung Deiner Fähigkeiten und Deines Wissenstandes geben.

Ruf Dir ins Gedächtnis, dass Dein Leben nicht vorbei sein wird, wenn Du durchfallen solltest! Das ist anderen auch schon passiert und die haben trotzdem Jobs bekommen. Du bist doch viel mehr als nur Dein Studium.

Hast Du eine lange Serie von Misserfolgen in Jura gehabt, beispielsweise schlechte Klausuren, dann sieh es als die schlechte Generalprobe vor dem guten Auftritt! Mach etwas anderes, in dem Du Erfolgserlebnisse verbuchen kannst (etwa beim Sport). Bleib positiv!

Versuche, Dich und die Lernerei mal aus einem anderen Blickwinkel zu betrachten! Sorg für Abstand. Mach eine längere Pause, etwa für ein Wochenende im Grünen und stell Dir die Frage: »Warum sollte ich durchfallen? Ich weiß, was ich dafür getan und geleistet habe.«

Versuche, diese Ratschläge in Deinem Alltag während der Examenszeit anzuwenden. Wenn es aber hart auf hart kommt und kurz vorm Examen ein Gewusel an gestressten und absolut nervigen Kommilitonen ausbricht, das Dich ganz wuschig macht, hilft nur noch eines: Abstand gewinnen! Die Quintessenz dieser Tipps dürfte klar sein: Immer positiv und selbstbewusst bleiben! Nicht kneifen, jetzt, da Du schon so weit gekommen bist!

14
DAS EXAMEN

Nun also zu dem großen Hammer am Ende der ganze Plackerei! Das Staatsexamen, der staatliche Teil.

14.1
DER FREISCHUSS

Wer Grund- und Hauptstudium in der Regelstudienzeit ablegt, bekommt ein tolles Geschenk: Er darf sein Examen einmal mehr schreiben. Insgesamt können es dann drei Versuche sein, die Du bekommst, um das Examen zu bestehen. Das nennt man Freiversuch oder auch Freischuss. In manchen Bundesländern ist der Freiversuch nach dem achten Semester möglich, in anderen nach dem neunten Semester. Das hängt immer auch davon ab, ob Du Dich entscheidest, Deinen Schwerpunkt vor oder nach dem staatlichen Examen zu machen. Im zweiten Fall musst Du, um den Freiversuch zu bekommen, natürlich früher antreten.

14.2 AUFBAU DER PRÜFUNG

Die Prüfung ist in jedem Bundesland etwas anders gestaltet, trotzdem ähneln sie sich.

Hier nun im Groben: Etwa drei Monate bevor die Prüfung beginnt, meldest Du Dich beim Juristischen Prüfungsamt (auch Justizprüfungsamt oder kurz JPA genannt) Deines Bundeslandes an, indem Du vorsprichst und Deine Zeugnisse und Praktikumsnachweise einreichst. Den Zeitraum einer Prüfung nennt man Kampagne. Hast Du Dich zu einer Kampagne angemeldet, beginnt die Prüfung mit dem schriftlichen Teil, zu dem Du normalerweise per Post geladen wirst. Die sogenannte Ladung sagt Dir dann, wann Du wo erscheinen sollst, um Deine Klausuren zu schreiben. Sie enthält auch eine Kennziffer, die Du Dir merken musst. Bewahre diese Ladung sicherheitshalber sehr gut auf, auch nach Abschluss des Examens.

DER SCHRIFTLICHE TEIL DES EXAMENS

Du schreibst sechs bis sieben fünfstündige Klausuren zu den unterschiedlichen Rechtsgebieten. Am Ende schreibst Du nicht Deinen Namen unter die Klausur – das soll schließlich alles anonym ablaufen –, sondern Deine Kennziffer, die auf Deiner Ladung und auf Deinem Sitzplatz vermerkt wird.

- Du musst Deinen Ausweis mit zur Prüfung nehmen, denn es wird kontrolliert, ob Du auch wirklich Du bist und Du nicht vertretungsweise irgendeinen Jura-Crack in Deine Prüfung schickst.

- Denke daran, Dir ausreichend Essen und Trinken mitzunehmen! Dein Blutzuckerspiegel muss fünf Stunden lang auf der Höhe bleiben, damit Du konzentriert arbeiten kannst.

- Zieh Dir gemütliche Klamotten an. Hier merkt sich niemand Deinen Namen und eine Jogginghose fällt nicht negativ auf Dich zurück, besser als wenn Dich Deine Jeans die ganze Zeit über zwickt.

- Bist Du Raucher? Versuche, Dich in der Zeit vorher darauf einzustellen, dass Du fünf Stunden nicht rauchen darfst. Das ist nun mal in allen öffentlichen Gebäuden heutzutage verboten, da musst Du Dich anpassen.

Du musst zu Deiner Prüfung natürlich Deine eigenen Gesetze, also den *Schönfelder*, den *Sartorius* und das Landesgesetz mitbringen. Besorge Dir am besten eine brandneue Ausgabe und schreibe nichts außer Deinem Namen hinein. In den meisten Bundesländern ist es nicht erlaubt, Randnotizen neben die Gesetzesnormen zu machen, auch mit Post-Its muss man vorsichtig sein. Frage hierfür bei Deiner Uni oder am besten direkt in Deinem Prüfungsamt nach, in manchen Bundesländern ist es nämlich erlaubt, Verweise in die Gesetze zu schreiben.

Deine Aufsichtspersonen werden Dir sagen, wann die Zeit um ist. Hier ist aber Willkür am Werk: Manche sind ganz streng und reißen Dir Deine Klausur aus der Hand, andere lassen Dich noch in Ruhe Deinen Satz beenden. Ganz bösartige Personen wollen Deine Klausur mit null Punkten bewerten, wenn Du sie nicht innerhalb der vorgegebenen Zeit abgibst. Das wäre ja gerecht, wenn alle das einheitlich handhaben würden. Tun sie aber nicht. Mein Tipp ist, geh auf Nummer sicher: Schreib lieber einen Satz weniger und gib Deine Klausur dafür rechtzeitig ab.

Nach der schriftlichen Prüfung

Nach diesen zwei Wochen, den wahrscheinlich bis dahin anstrengendsten Wochen Deines Lebens, darfst Du Dich endlich mal wirklich entspannen! Am besten Du hast vorher schon einen tollen Urlaub gebucht. Man weiß erst einmal gar nicht wohin mit all der Zeit. Einige meiner Kommilitonen waren gar nicht so glücklich, wie man das erwarten würde. Aber das kommt mit der Zeit. Das Examen selbst kann einen runterziehen, weil es so anstrengend ist und natürlich besonders dann, wenn die Prüfung nicht so gut gelaufen ist. Versuche, nicht daran zu denken! Vergiss die Klausuren ganz schnell, sprich nicht mit Deinen Mitprüflingen über das, was sie geschrieben haben und schau Dir bloß keine Musterlösungen an. Wie oft bekommt man noch Punkte für etwas, das gar nicht in der Lösung steht. Dann machst Du Dich fertig, obwohl Du vielleicht trotzdem bestanden und gepunktet hast. Man stapelt ja doch meistens zu tief anstatt zu hoch. Also mach Dich frei vom Examen!

Du hast nun etwa drei bis vier Monate Zeit, bis Deine Noten bekannt gegeben werden und etwa sechs Monate Zeit, bis Du zur mündlichen Prüfung geladen wirst. Was stellst Du an mit all der Zeit?

Mach Urlaub, spann aus! Aber nicht ewig.

Mach Praktika! Viele Arbeitgeber schauen sehr genau, wie Du mit Deiner Brückenphase umgegangen bist. Beim Vorstellungsgespräch wirst Du wahrscheinlich gefragt, was Du in dieser Zeit gemacht hast. Dann solltest Du nicht antworten: »Nüscht!« Auch Reisen können positiv sein, Praktika belegen, wofür Du Dich interessierst und dass Du aktiv bist. Das muss auch nicht immer juristisch sein.

Lerne! Nicht die mündliche Prüfung vergessen, die noch auf Dich wartet, solltest Du das Examen im schriftlichen Teil bestanden haben. Es ist für jeden absolut demotivierend, für eine mündliche Prüfung zu lernen, von der man nicht einmal weiß, ob sie auf einen wartet. »Vielleicht bin ich ja durchgefallen«, denkst Du Dir, aber versuchst, das auszublenden. Selbst wenn Du durchgefallen sein solltest: Du wirst schließlich noch einmal antreten, also auch weiterlernen müssen.

Wie erfahre ich meine Noten? Die Noten der schriftlichen Prüfung werden im Internet veröffentlicht, hier kannst Du die Listen nach Deiner Kennziffer durchsuchen. Der entsprechende Brief folgt, er ist oftmals gleichzeitig auch die Einladung zur mündlichen

Prüfung, sofern Du schriftlich auf mindestens 3,5 Punkte gekommen bist und die Mindestanzahl Klausuren bestanden hast.

Lernen für die mündliche Prüfung

Für die mündliche Prüfung lernt man ein wenig anders als für Klausuren. In den meisten Bundesländern ist diese Prüfung nämlich mit dem sogenannten Aktenvortrag verbunden. Das bedeutet wieder Falllösung. Hier gilt es, alles Wichtige innerhalb von zehn Minuten vorzutragen und sich nicht in Details zu verlieren. Das ist sehr schwierig. Darum heißt es üben, üben, üben. Hierfür ist die Lerngruppe wie geschaffen! Es gibt Bücher, die extra für die mündliche Prüfung mit Übungssachverhalten für den Aktenvortrag gespickt sind. Ihr könnt Euch gegenseitig vortragen lassen, die Zeit stoppen und alle »Ähms« und andere Füllwörter zählen. Der Gesamteindruck ist sehr wichtig. Sprich also deutlich, nicht zu langsam, nicht zu schnell. Sitz gerade und lass die Hände auf dem Tisch. Überprüft Euch gegenseitig und seid ruhig streng miteinander. Dann ist der Vortrag bei der Prüfung schließlich schon fast Routine.

Aktuelles lesen: Abgesehen von den Übungen für den Vortrag ist es ratsam, in juristischen Fachzeitschriften zu blättern. Aktuelle Themen, die etwa in den Nachrichten vorkommen, werden sehr gern abgefragt. Bundesverfassungsgerichtsentscheidungen oder BGH-Entscheidungen schaffen es schließlich oft in die Zeitungen und Zwanzig-Uhr-Nachrichten und sind gleichzeitig beliebter Prüfungsstoff.

Prüfungsprotokolle: Oft kann man beim Fachschaftsrat oder auch im Rahmen der Repetitorien Einsicht in die Protokolle vergangener Prüfungen nehmen. Welche Prüfer Dich abfragen werden, steht in Deiner Ladung zur mündlichen Prüfung, die Dich üblicherweise etwa drei bis vier Wochen vor dem Termin erreichen wird. Dann gehst Du mit der Ladung zur entsprechenden Stelle und erhältst gegen Kaution und/oder Gebühr die Protokolle, in denen steht, wie die letzten Prüfungen bei Herrn Sowieso gelaufen sind, was er abgefragt hat und wie er so gelaunt war. Manchmal geben die Protokolle sehr gut wieder, wie Deine Prüfer so sind. Dann weißt Du, worauf Du Dich gefasst machen musst.

DIE MÜNDLICHE PRÜFUNG

Die mündliche Prüfung dauert einen Tag, morgens beginnt es entweder mit dem Aktenvortrag, sofern dieser vorgesehen ist, oder sofort mit dem Frage-Antwort-Spiel. Gut gekleidet erscheinen die Prüfungskandidaten und treten meist in einer Gruppe von mehreren Prüflingen vor das Prüfungskomitee. Zwischen den einzelnen Rechtsgebieten gibt es normalerweise Pausen, hier kannst Du trinken und essen – sehr wichtig!

Am Ende werden Dir Deine Prüfungsnote und Deine Gesamtexamensnote verkündet und es wird Dir von den Prüfern gratuliert, sofern Du bestanden hast. Es fallen an dieser Stelle statistisch zumindest nicht mehr viele durch.

!

Tipp: Sag Deinen Freunden Bescheid, wann Du Prüfung hast. Es ist ein tolles Gefühl nach der Prüfung vor die Tür zu treten und jubelnd empfangen zu werden! Ich schreibe an dieser Stelle jetzt nichts zum Thema »Verantwortungsbewusster Umgang mit Alkohol« ... Aber ich schätze, an diesem Tag hat jeder Jurist auf der Welt einen über den Durst getrunken.

15
DIE ZUKUNFTSPERSPEKTIVE – DAS EXAMEN IN DER TASCHE UND JETZT?

Jetzt bist Du also fertig mit dem ersten Staatsexamen, wunderbar! Und was fängst Du nun mit Dir an? Ich beschreibe Dir jetzt ein paar klassische juristische Wege, aber Du kannst ebenso gut ein Medizinstudium anfangen oder Künstler werden. Du hast Deinen Abschluss in der Tasche und kannst machen, was Du willst!

Viele, die Jura studiert haben, wollen auch irgendwann Jurist werden. Du bist zwar irgendwie Jurist, wenn Du ein Examen hast, aber eben kein Volljurist. Also muss das Referendariat noch durchgezogen werden. Dazu komme ich weiter unten im Kapitel. Nachdem Du Deine mündliche Prüfung abgelegt hast, liegt sehr bald danach Dein Zeugnis abholbereit im Prüfungsamt und damit stehen Dir schließlich alle Türen in Sachen Bewerbung offen.

15.1
DER LL. M.:
EIN MASTER FÜR JURISTEN

Du kannst zum Beispiel einen LL. M. machen. Das ist der Master of Laws, die Abkürzung stammt aus dem Lateinischen (»Legum Magister«). Warum zwei »L«? Das bezeichnet die lateinische Abkürzung für den Plural der »Rechte«. Es ist jetzt nach dem ersten Examen ein guter Moment, diesen LL. M. zu absolvieren, weil Du wahrscheinlich gerade Lust hast, mal wieder etwas anderes zu sehen, raus zu kommen und über den Tellerrand zu schauen, andere Länder, andere Sitten kennen zu lernen. Du kannst auch nach dem zweiten Examen noch einen LL. M. machen. Aber bedenke, dass Du dann unter Umständen sofort ins Arbeitsleben einsteigen wollen wirst, auch da Du im Referendariat vielleicht Kontakte geknüpft hast und sich Jobchancen auftun.

Ein LL. M.-Studiengang dauert ein bis zwei Jahre und muss meist privat bezahlt werden, die Fachrichtung ist wählbar. Der LL. M. ist zwar kein Ersatz für das zweite Examen, aber eine Zusatzqualifikation, mit der man sich bei der Job-Bewerbung von anderen Bewerbern abgrenzen kann. Der Master of Laws wird vor allem bei den großen international agierenden Kanzleien als besonders wertvolle Zusatzqualifikation angesehen. Der LL. M. hat dort oft eine ähnliche Wertigkeit wie die Promotion.[42]

LL. M-Studiengänge gibt es wie Sand am Meer. Ich empfehle Dir, Dich frühzeitig – das heißt noch vor dem ersten Examen – über Fachrichtungen und Bewerbungsfristen zu informieren. Oft läuft das Bewerbungsverfahren so, dass Du unter Vorbehalt

---

42 Quelle: www.jurawelt.com/referendare/llm/11321 (abgerufen 30. Mai 2013)

angenommen wirst und schließlich nach dem Examen Dein Zeugnis nachreichen kannst. Es ist ratsam, den LL. M. im Ausland zu absolvieren, denn das ist womöglich Deine letzte Chance, im Ausland zu studieren und damit Sprachkenntnisse und persönlich bereichernde Erfahrungen zu sammeln. Außerdem stehen hierbei interkulturelle Fähigkeiten, Soft Skills und die Spezialisierung in einem international relevanten Rechtsgebiet im Vordergrund. Eine Auflistung der LL. M.-Programme weltweit findest Du unter **www.llm-guide.com** bzw. unter **www.llm-studium.de** (überwiegend inländische LL. M.-Programme). Tipps zu den Bewerbungen an den jeweiligen Universitäten im Ausland gibt es auf der Seite **www.llm-programm.de** und bei Deiner Uni, manche Hochschulen arbeiten beim LL. M-Programm mit Partneruniversitäten im Ausland zusammen.

IST DER LL. M. ETWAS FÜR MICH?

Wenn Du später in einer internationalen Großkanzlei arbeiten möchtest, kommst Du um den LL. M. fast nicht herum. Dann ist diese Zusatzqualifikation absolut empfehlenswert. Doch auch an anderen Stellen ist die Auslands-, Sprach- und fachliche Erfahrung geschätzt.

Weniger interessant dürfte der LL. M. für Dich sein, wenn Du eine Karriere im Staatsdienst planst, also Staatsanwalt oder Richter werden möchtest, oder Dich als Einzelanwalt ohne internationalen Bezug niederlassen möchtest. Trotzdem: Bereichernd ist die Erfahrung allemal und demnach jedem ans Herz zu legen, der Lust darauf und natürlich auch die finanziellen Mittel zur Verfügung hat.

WIE SOLL ICH MIR DAS LEISTEN?

Das kann ganz schön ins Geld gehen. Amerikanische Law Schools nehmen häufig mehr als rund 25.000 Euro Studiengebühren im Jahr. Und dann musst Du schließlich auch noch ein Dach über Deinem Kopf und Essen auf dem Tisch haben. Transportmittel, Freizeitaktivitäten, Lehrmittel – das alles kostet Geld. Damit kann sich der Kostenaufwand schnell auf 40.000 Euro[43] belaufen. Um diese finanzielle Hürde zu überwinden, folgende Tipps:

Tipp eins: Such Dir ein nähergelegenes Land aus, dann ist der Flugpreis schon mal geringer. !

Tipp zwei: Vergleiche von vornherein die Studiengebühren, auch innerhalb der Länder. In Großstädten sind die Gebühren oft höher als in kleinen Studentenstädten. Die Unis müssen deshalb nicht weniger gut sein. !

Tipp drei: Bewirb Dich frühzeitig um ein Stipendium. Nicht nur Genies bekommen Stipendien, manchmal gibt – neben guten Noten – Schnelligkeit bei der Bewerbung den Ausschlag. !

Tipp vier: Manche Law Schools gewähren einigen Kandidaten einen Nachlass der Studiengebühren. Ein Kriterium sind hier natürlich wieder gute Noten, aber auch interessante Nebentätigkeiten, die Du während Deines Studiums gemacht hast. Pluspunkte bringen häufig: soziales Engagement, Auslandsaufenthalte, Praktika. !

---

43 Quelle: www.jurawelt.com/referendare/llm/11321 (abgerufen 30. Mai 2013), die Angaben auf der Website sind in US-Dollar. Für die Umrechnung wurde www.oanda.com/lang/de/currency/converter/ verwendet.

Falls Du so gar keine Lust auf einen Auslandsaufenthalt hast, aber trotzdem eine wissenschaftliche Arbeit verfassen möchtest, die Dir auch noch einen Titel vor dem Namen verschafft (den LL. M.-Titel schreibt man übrigens hinter den Namen), dann ziehst Du vielleicht eine Promotion in Betracht.

15.2 DIE PROMOTION

Du kannst auch ganz ohne Medizinstudium Doktor sein! Indem Du promovierst. Promotion ist vom Lateinischen »Promotio« abgeleitet und bedeutet »Beförderung«. Hast Du promoviert, wird Dir der akademische Grad des Doktors verliehen. Um zu promovieren, schreibst Du Deine Doktorarbeit, auch Dissertation genannt.

WIE BEKOMME ICH EINE DOKTORANDENSTELLE?

Schritt eins: Die erste Überlegung sollte sein: Will ich überhaupt eine Dissertation schreiben? Was habe ich der Welt mitzuteilen? Sprich, Du musst Dir ein Thema überlegen und Dir raussuchen, welchem Lehrstuhl dieses Thema zuzuordnen wäre.

Schritt zwei: Bitte den Professor an diesem Lehrstuhl um ein Gespräch und stelle ihm Dein Thema vor. Du musst Deine Arbeit nicht schon fertig ausformuliert dabei haben, aber ein wenig vorbereitet solltest Du schon sein und Dir die Argumente, warum die Welt auf Deine Arbeit schon zu lang gewartet hat, zurechtgelegt haben.

Was passiert bei diesem Gespräch? Eine Möglichkeit ist, dass der Professor Dein Thema akzeptiert und Du die Sache angehen kannst. Es kann auch sein, dass Dein Professor Dir ein anderes Thema vorschlägt, das er schon in der Schublade hatte. Oder er lehnt einfach ab, dann musst Du es vielleicht woanders versuchen. Oft allerdings werden Professoren zustimmen, die Stellung eines Doktorvaters bringt dem Lehrstuhl ein Stückchen mehr an Prestige und Ansehen.

Schritt drei: Nach dem Gespräch wirst Du ein Exposé zum Thema anfertigen, hier wirfst Du erst einmal alle Fragen auf, die Deine Arbeit behandeln wird, ohne sie zu beantworten – das ist also der einfachste Teil der ganzen Arbeit! Welchen Umfang das Exposé haben soll, wird Dir Dein Professor mitteilen, das können zehn, aber auch vierzig Seiten sein. Informationen zum Thema Exposé und nützliche Tipps findest Du in der Fachzeitschrift JuS.[44]

---

44 Vgl. Glawe, Robert; Bernau, Henning, Zur Vorbereitung einer juristischen Dissertation, S. 765-768.

Schritt vier: Du reichst einen Antrag auf Zulassung zur Promotion beim Dekan der Juristischen Fakultät Deiner Uni ein. Du wirst dann vom Normalo-Student zum Promotionsstudent.

Merke: Meistens kann man nur unter gewissen Voraussetzungen promovieren, etwa eine vorher im Studium absolvierte Seminararbeit mit der Abschlussnote »Gut«. An anderen Unis wird nur zur Promotion zugelassen, wer ein »Vollbefriedigend« im ersten Examen, also mehr als neun Punkte, erreicht hat. Erkundige Dich nach den Voraussetzungen an dem Lehrstuhl, an dem Du promovieren möchtest.

WIE LANGE DAUERT EINE PROMOTION?

Ein Promotionsvorhaben dauert etwa ein bis zwei Jahre, manchmal auch länger. Wenn Du Deine Dissertation zum Beispiel mit einem Job am Lehrstuhl oder einer anderen beruflichen Tätigkeit verbindest, kann Dich das Zeit kosten, manchmal auch bis zu fünf Jahren.

AM ENDE MUSST DU AUCH NOCH KÄMPFEN

Zum Abschluss Deiner Dissertation, nach Abgabe und Korrektur der Arbeit, musst Du schließlich ein Rigorosum oder eine Disputation über Dich ergehen lassen. Das ist die Verteidigung Deiner Arbeit vor einem Prüfungskomitee, dem Dein Doktorvater vorsitzt. Das Rigorosum ist eine Art Prüfungsgespräch, das nicht ausschließlich an Deiner Arbeit orientiert ist. Die Disputation, wie der Name schon sagt, ist eine Art Streitgespräch, in dem Du tatsächlich für Deine Thesen und Aussagen eintreten und sie vor dem Komitee verteidigen musst. Welche der beiden Varianten auf Dich wartet, musst Du der Promotionsordnung entnehmen.

WAS BRINGT MIR DER DOKTOR?

Sind Doktoren die besseren Juristen? Wohl nicht. Auch ohne Doktor kann man ein guter Jurist sein. Trotzdem ist der Doktortitel vor dem Namen – abgesehen vom Prestige – ein Beweis für Dein akademisches Können und Durchhaltevermögen. Er bescheinigt Dir, dass Du vertieft juristisch arbeiten kannst. Unter Umständen kannst Du Dich zum Profi in einer Materie aufschwingen, die vorher noch unergründetes Fremdland war. Das kommt auf Dein Thema an und letztlich auch auf Deine Abschlussnote. Praxiserfahrung bringt die Promotionszeit natürlich nicht, das kann man als Negativkriterium anmerken. Und wer schon immer die Hausarbeiten in der Uni verabscheut hat, sollte sich die ganze Sache durchaus zweimal überlegen. Ansonsten ist der Doktortitel der wohl beliebteste Titel in Deutschland und tatsächlich mit gewissem Prestige verbunden. Natürlich nur, wenn Du in Deiner Dissertation nicht geschummelt hast und Dir der Titel nicht im Nachhinein aberkannt wird. Solche Peinlichkeiten machen sich nicht sonderlich gut auf dem Lebenslauf und erschweren die Jobsuche.

15.3 DAS REFERENDARIAT

Um als Volljurist zu gelten, musst Du noch ein zweijähriges Referendariat durchlaufen. Du kannst Dich zu jedem Zeitpunkt anmelden, auch schon zwei Jahre im Voraus, dann kommst Du auf die Liste und hast den Platz so gut wie sicher.

Erinnerst Du Dich an Referendare in der Schule? Sie sind manchmal für Deine Lehrer eingesprungen oder haben eines der Fächer komplett unterrichtet. Meine Referendare an der Schule, die es nach dem Lehramtsstudium absolut unvorbereitet mit einer Horde bösartiger Teenager 45 Minuten lang allein in einem Raum aushalten mussten, waren blutjung, voller Visionen und Hoffnung, etwas »verändern« und »bewegen« zu können. Wir haben sie fertig gemacht. Nicht, dass wir Schüler sie mit Absicht zum Heulen gebracht hätten, nein. Aber riecht man nicht wie ein Raubtier die Angst eines Neulings? Spürt man nicht die Unsicherheit? Doch! Und nun bist Du der Neuling! Aber glücklicherweise nicht als Lehrer, sondern als Anwalt, Richter oder Staatsanwalt. Hier wirst Du Dich ebenso bloßgestellt fühlen können und innerlich vor Angst kollabieren. Etwa, wenn Du plötzlich als Staatsanwalt auftreten und eine Sitzungsvertretung machen sollst. Das Schöne an der Sache: die Nichtjuristen im Gerichtssaal riechen Deine Angst nicht, sie wissen nicht, dass Du noch in der Ausbildung steckst. Es ist ein tolles Gefühl, das wirst Du merken, sobald Du Dich wieder hinsetzt und die Aufregung überwunden hast – und alle dachten, Du wärst der Staatsanwalt.

DER ABLAUF DES REFERENDARIATS

Wie Dein Referendariat sich im Einzelnen gestaltet, hängt von Deinem Bundesland und der dortigen Regelung ab, das ist nämlich Ländersache.[45] Wie es in Deinem Fall abläuft, erfährst Du unter **www.lto.de**.

Das Referendariat wird in fünf sogenannte Stationen unterteilt. Das sind die Zivil-, die Straf-, die Verwaltungs-, die Anwalts- und die Wahlstation. Zwischen der Anwalts- und der Wahlstation als letzter Station wird der schriftliche Teil des zweiten Staatsexamens geschrieben. Das sind in Bayern ungeschlagene elf Klausuren, in Berlin-Brandenburg, die ein gemeinsames Prüfungsamt haben, sind es nur sieben. Der Rest schreibt acht Examensklausuren. Damit steht also ab Eintritt in den Vorbereitungsdienst, wie das Referendariat auch heißt, schon bombensicher fest, wann Du das entsprechende Examen absolvieren musst. Das ist etwas anders als beim ersten Examen, wo Du mit Prokrastination noch die Jahre ins Land ziehen lassen konntest, bevor Du Dich für das Examen angemeldet hast!

Nach der Wahlstation folgt schließlich der mündliche Teil des Examens und dann bist Du Volljurist, sofern alles gut gelaufen ist.

VERDIENE ICH ETWAS ALS REFERENDAR?

Als Referendar wirst Du von Deinem Bundesland in ein öffentlich-rechtliches Sonderausbildungsverhältnis übernommen. Du erhältst rund 900 Euro brutto, auch hier gibt es leichte Variationen je nach Bundesland, das ist letztlich kein echtes Gehalt, sondern

45 Quelle: www.europaeische-juristenausbildung.de/Themen/anwaltschafttext.htm (abgerufen 30. Mai 2013)

eine Unterhaltsbeihilfe. Der Unterschied ist, dass Gehalt als Gegenleistung für geleistete Arbeit gezahlt wird, Unterhaltsbeihilfe soll Dir aber Deinen Lebensunterhalt sichern und Dir die Möglichkeit geben, Dich auf Deine Ausbildung zu konzentrieren. Es hat also den Charakter einer Sozialleistung und kann deshalb aufgrund von Nebeneinkünften gekürzt werden.[46]

DIE STATIONEN IM REFERENDARIAT

Nummer eins: Die Zivilstation
Dauer: drei bis sechs Monate

Was tut man da? Man verbringt seine Zeit an einem Amtsgericht oder einem Landgericht. Du wirst hierfür einem Richter unterstellt, der Deine Ausbildung übernimmt. Du wirst Urteile und Beschlüsse verfassen und an Verhandlungen und Sitzungen teilnehmen und sogar Verhandlungen leiten.

Nummer zwei: Die Strafrechtsstation
Dauer: drei bis vier Monate

Diese Station kann bei einem Richter oder bei einem Staatsanwalt absolviert werden. Du lernst, Urteile und Abschlussverfügungen zu entwerfen. Je nach Laune Deines ausbildenden Anwalts darfst Du vielleicht vor Gericht die Staatsanwaltschaft vertreten. Manche Referendare fahren auch mal mit der Polizei auf Streife.

46 Quelle: www.lto.de/jura/rechtsreferendariat/verguetung-gehalt/ (abgerufen 30. Mai 2013)

Nummer drei: Die Verwaltungsstation
Dauer: drei bis vier Monate.

Ist meist die dritte, manchmal auch zweite Station. Du kannst während Deiner Verwaltungsstation in jeder Institution arbeiten, die Volljuristen beschäftigt. Das kann ein Bezirksamt, aber auch ein deutsches Landes- oder Bundesministerium sein. Oder Du absolvierst diese Station bei der Feuerwehr, der Polizei, Medienanstalten, Opern und Theatern, wenn es Anstalten des öffentlichen Rechts sind. Sei kreativ und überleg Dir, was Dich interessiert, nur: Bewirb Dich zeitig! Bei den meisten Ministerien muss man sich sechs Monate mindestens im Voraus bewerben. Die von Dir anzufertigenden Arbeiten bestehen klassischerweise aus Gutachten und Stellungnahmen zu spezifischen, in einem Bezirksamt beispielsweise kommunalrechtlichen Problemen. Oder der Bearbeitung von Widersprüchen. In einer Oper kann das Tätigkeitsfeld aber ganz anders aussehen und vielleicht sogar ins Zivilrecht hineinreichen.

Nummer vier: Die Anwaltsstation
Dauer: neun bis zehn Monate

Sie ist mit neun bis zehn Monaten Dauer die längste Station und die letzte Station vor der schriftlichen Prüfung des zweiten Staatsexamens.

Du musst Dir selbst eine Kanzlei suchen und Dich dafür bewerben. Viele Kanzleien nehmen Referendare gern als preiswerte Arbeitskraft zu sich. Meist bekommst Du ein zusätzliches Gehalt von der Kanzlei bezahlt. Die genauen Konditionen und Arbeitsbedingungen wirst Du mit Deinem ausbildenden Anwalt absprechen müssen. Während dieser Zeit wirst Du Anwaltsschriftsätze aufsetzen, Mandantengespräche führen und Deinen ausbildenden Anwalt bei Gerichtsterminen begleiten oder sogar vertreten.

In den letzten Wochen vor der Prüfung wirst Du sicherlich überall etwas weniger zu tun haben. Was für andere eine Erfahrung unter Wasser, mit Sauerstoffflasche und Flossen an den Füßen ist, ist für Referendare übrigens etwas ganz anderes: Das sogenannte »Tauchen«. Damit ist gemeint, im letzten Ausbildungsabschnitt vor Deinem schriftlichen Examen, also noch während der Anwaltsstation, möglichst von aller Arbeit verschont zu bleiben. Also »Freizeit« zum Lernen. Erkundige Dich vorher bei dem Anwalt Deiner Wahl, wie viel Zeit er Dir zum Lernen einräumen wird.

News, Jobangebote und Tipps rund um das Tauchen oder andere Referendariatsangelegenheiten, findest Du auf der Seite **www.juristenkoffer.de.**

Nummer fünf: Die Wahlstation
Dauer: drei bis vier Monate

Die Wahlstation ist das Sahnehäubchen Deiner Ausbildung, hier kannst Du relativ frei jeder Tätigkeit nachgehen, solange ein juristischer Bezug besteht. Viele nutzen diese Phase, um ins Ausland zu gehen und etwa in einer Botschaft zu arbeiten. Du kannst in jedes Unternehmen gehen, das eine Rechtsabteilung hat, zu Banken, Verlagen und Zeitungen – oder auch zu einem Fußballverein. Im Ausland, aber auch im Inland – Deiner Fantasie sind (fast) keine Grenzen gesetzt. Vorteilhaft ist es aber, diese Station dort zu absolvieren, wo Du später arbeiten möchtest, falls Du das schon wissen solltest. Dann kann sie als Berufseinstieg genutzt werden, etwa bei einer Kanzlei.

DIE AG IM REFERENDARIAT

Begleitend zu den Stationen wirst Du eine AG besuchen. Das ist dann wieder wie in der Schule. Ihr seid ein Verband, mit Klassensprecher, macht vielleicht sogar eine AG-Fahrt und schreibt Klausuren. Deine AG findet ein- bis zweimal wöchentlich statt und ist eine Pflichtveranstaltung.

DAS ZWEITE STAATSEXAMEN

Am Ende winkt natürlich wieder das Beste! Die Kirsche auf der Sahnehaube ist natürlich das Examen. Wieder schriftlich und mündlich, so viel kennst Du schon vom ersten Examen. Der Inhalt der Klausuraufgabe ist natürlich anders. Es gibt eine fiktive Akte, die auch mal gut 14 Seiten umfassen kann. Daraus musst Du dann den Sachverhalt erfassen und schließlich ein Urteil mit Zulässigkeit und Begründetheit schreiben – die Zeiten des Gutachtens sind vorbei!

Die schriftliche Prüfung

Die schriftliche Prüfung des zweiten Staatsexamens besteht aus sieben bis elf Klausuren (je nach Bundesland), in denen Akten bearbeitet und Urteile geschrieben werden müssen. Es gibt teilweise anwaltschaftliche Klausuren und teilweise Klausuren, in denen Du zu Akten ein Urteil, wie ein Richter, schreiben musst.

Die Akte, die Dir vorgelegt wird, besteht dann aus Anwaltsschreiben, Gerichtsvermerken und Gutachten von Sachverständigen zu einem bestimmten Fall. Aus diesen Dokumenten musst Du schließlich Dein Urteil bilden und es aufschreiben. Du hast fünf Stunden Zeit, wie im ersten Examen. Zur Bearbeitung darfst Du Gesetzeskommentare verwenden.

! **Tipp:** Du brauchst insgesamt bis zu sieben dicke Kommentarbücher. Nämlich zu VwGO, ZPO, StGB, StPO, BGB, HGB und VwVfG – das geht ins Geld! Deshalb vermieten verschiedene Einrichtungen Examens-Trolleys, zum Beispiel:

- **www.examenskommentare.de**
- **www.juristenkoffer.de**
- **www.kommentarverleih.de**
- **www.juristenliteratur.de**

Da bekommst Du also gleich die Bücher, teilweise sogar inklusive Transportmittel, damit Du Dir nicht den Rücken ruinierst. Das mag Dir jetzt vielleicht etwas albern vorkommen, aber Du wirst bestimmt nicht der einzige sein, der mit Koffer zum Prüfungsamt geht, als wolle er dort die Nacht verbringen.

Die mündliche Prüfung

Nach der Wahlstation steht als Abschluss des Referendariats der mündliche Teil des Staatsexamens an. Hier musst Du Dich wieder, wie im ersten Examen, Fragen aus allen Fachgebieten stellen.

In einigen Bundesländern wird neben der Prüfung als Frage-Antwort-Model wiederum ein Aktenvortrag wie schon zum ersten Examen verlangt, bei dem Du der Prüfungskommission meist wie ein berichterstattender Richter eine Akte vorträgst, die Dir vorher zur Bearbeitung gegeben wurde. Der Vortrag setzt sich zusammen aus dem von Dir erarbeiteten Sachverhalt, Deiner Einschätzung der Rechtslage und schließlich Deiner Empfehlung für ein Urteil.

Sobald Du bestanden hast und Dein Zeugnis in den Händen hältst, darfst Du Dich »Assessor« nennen, das heißt, Du bist Volljurist und hast die Befähigung zum Richteramt. Willst Du nun als Rechtsanwalt tätig werden, musst Du bei einer regionalen Rechtsanwaltskammer zugelassen werden. In Deutschland gibt es rund dreißig Rechtsanwaltskammern, die als Körperschaft des öffentlichen Rechts der Selbstverwaltung der Anwaltschaft dienen.[47]

DU, DER JURIST

So und dann bist Du also fertig. Fertig studiert, fertig ausgebildet. Womöglich promoviert, vielleicht mit einem LL. M. in der Tasche. Und dann geht es hinaus in die Arbeitswelt, ab auf den Arbeitsmarkt. Ist Dein Examen gut genug, kannst Du Richter oder Staatsanwalt werden. Wie Du Dich hierfür bewerben musst, ist für jedes Bundesland einzeln auf dieser Seite aufgelistet: **www.th-h.de/infos/jura/rista.html.** Außer den Noten Deiner Examina spielen häufig auch die Leistungen während des Referendariats eine Rolle. Oftmals sind die Karrieren als Richter und Staatsanwalt

47 Quelle: www.europaeische-juristenausbildung.de/Themen/anwaltschafttext.htm (abgerufen 30. Mai 2013)

miteinander verwoben, indem man zwischen beiden Posten wechseln muss. Üblicherweise gibt es eine dreijährige Probezeit, in der Du »Richter auf Probe« bist. In dieser Zeit ist häufig auch die Tätigkeit als Staatsanwalt vorgesehen.[48]

Als Anwalt kannst Du Dich einerseits selbstständig machen oder in schon bestehenden Kanzleien um eine Anstellung bewerben. Tipps für die Kanzleigründung geben einige Anwaltsvereine, zum Beispiel der DAV (Deutscher Anwaltverein).

Wenn Du als Rechtsberater in einer Firma arbeiten möchtest, sind die Voraussetzungen hierfür natürlich nicht verallgemeinerbar, dann hängen Bewerbungsvoraussetzungen vom jeweiligen Betrieb ab.

Hungerlohn oder das ganz große Geld?

Was verdient eigentlich ein Jurist? Die Frage kann so nicht einfach beantwortet werden, denn Jurist ist eben nicht gleich Jurist.

Topverdiener wirst Du als Associate einer internationalen Wirtschaftskanzlei. Hier kannst Du schon im ersten Jahr 100.000 Euro plus Bonus verdienen. Als Beispiele seien die Kanzleien *Freshfields Bruckhaus Deringer, CMS Hasche Sigle* oder *Hogan Lovells* genannt.[49]

---

48 Quelle: www.jurawiki.de/Richter (abgerufen 24. Juni 2013)

49 Quelle: azur 100 Top-Arbeitgeber 2013, www.azur-online.de/top-arbeitgeber/ (abgerufen 24. Juni 2013)

Auch große Unternehmen stellen regelmäßig Juristen ein, beispielsweise die Deutsche Bahn, die an über zwanzig internationalen Standorten Juristen beschäftigt. Hier liegt der Verdienst im ersten Jahr bei etwa 50.000 Euro. Bei Audi sind es bis zu 60.000 Euro.[50]

Beim Bundeskartellamt verdient man als Beamter im ersten Jahr etwa 46.000 Euro, bei der Europäischen Kommission etwa 53. 000 Euro.[51]

Was Du im öffentlichen Dienst, also etwa als Richter, verdienst, hängt natürlich auch mit davon ab, wo Du Dein Amt ausführst, ob Du ledig oder verheiratet bist und ob Du Kinder hast. Am Anfang Deiner Laufbahn sind es zunächst um die 2.500 Euro netto, später um die 5.000 Euro netto monatlich.

Als Anwalt Deiner eigenen Kanzlei hängt Dein Verdienst vor allem von einem ab: ob Du Mandanten hast oder nicht. Damit können die Verdienstmöglichkeiten also enorm variieren.

---

50 Quelle: ebd.

51 Quelle: ebd.

16
DAS FAZIT

Nun hast Du also einen Einblick in das Studium der Rechtwissenschaften und die Ausbildung zum Juristen erhalten. Nichts davon ist in Stein gemeißelt, schon am Anfang habe ich geschrieben: Das Jurastudium ist das, was Du daraus machst. Du solltest wissen, dass mit diesem Studium eine Menge Arbeit verbunden ist. Aber vergiss den Spaß nicht auf Deinem Weg durch das Studium! Bleib locker, so gut es geht. Mein Tipp, der hier vor allen anderen Tipps zu befolgen sein sollte: Genieß Dein Studium! Das ist sogar bei Jura möglich, glaub mir. Deshalb wünsche ich Dir nicht nur viel Erfolg, sondern vor allem eines: Viel Spaß!

17
WEITERFÜHRENDE INFORMATIONEN

HIER EINE AUSWAHL DER DEUTSCHEN UNIS, DIE DAS STUDIUM DER RECHTWISSENSCHAFTEN MIT ABSCHLUSS STAATSEXAMEN ANBIETEN:[52]

- Universität Augsburg
- Universität Bayreuth
- Freie Universität Berlin
- Humboldt-Universität Berlin
- Universität Bielefeld
- Universität Bochum
- Universität Bonn
- Universität Bremen
- Technische Universität Dresden
- Universität Düsseldorf
- Universität Erlangen-Nürnberg
- Universität Frankfurt/Main
- Universität Frankfurt/Oder
- Universität Freiburg
- Universität Gießen

52 Diese Auflistung erhebt keinen Anspruch auf Vollständigkeit. Insbesondere der Bachelorstudiengang Rechtswissenschaften wird auch an anderen Hochschulen gelehrt. Quelle: www.uni-jura.com/unis.html (abgerufen 30. Mai 2013)

- Universität Göttingen
- Universität Greifswald
- Universität Halle-Wittenberg
- Universität Hamburg
- Universität Hannover
- Universität Heidelberg
- Universität Jena
- Universität Kiel
- Universität Köln
- Universität Konstanz
- Universität Leipzig
- Universität Mainz
- Universität Mannheim
- Universität Marburg
- Universität München
- Universität Münster
- Universität Osnabrück
- Universität Passau
- Universität Potsdam
- Universität Regensburg
- Universität Rostock
- Universität des Saarlandes
- Deutsche Hochschule für Verwaltungswissenschaften Speyer
- Universität Trier
- Universität Tübingen
- Universität Würzburg

JURISTISCHE FACHZEITSCHRIFTEN[53]

1. Klassische juristische Ausbildungszeitschriften

- Juristische Schulung (JuS)
- Juristische Arbeitsblätter (JA)
- Juristische Ausbildung (JURA)

2. Rechtsprechungsübersichten

- Rechtsprechungsübersicht (RÜ)
- Nomos Rechtsprechungsübersicht (NRÜ)
- Life & Law (L&L)

3. Kostenlose Onlinezeitschriften

- Zeitschrift für das Juristische Studium (ZJS)
- Iurratio
- Höchstrichterliche Rechtsprechung im Strafrecht (HRRS)
- Zeitschrift für Internationale Strafrechtsdogmatik (ZIS)
- Jura Studium & Examen (JSE)
- Legal Tribune Online (LTO)
- Medien Internet und Recht (MIR)

4. Akademische Law Journals (Studentische Rechtszeitschriften, von Studenten für Studenten)

- Ad Legendum (AL)
- Bonner Rechtsjournal (BRJ)
- Bucerius Law Journal (BLJ)

53 Quelle: www.jurabiblio.de/p/juristische-fachzeitschriften.html (abgerufen 30. Mai 2013)

- Der Jurist (Jurist)
- Freiburg Law Students Journal (Freilaw)
- Goettingen Journal of International Law (GoJIL)
- Greifswalder Halbjahresschrift für Rechtswissenschaft (GreifRecht)
- Hamburger Rechtsnotizen (HRN)
- Hanse Law Review (HLR)
- Humboldt Forum Recht (HFR)
- Kölner Schrift zum Wirtschaftsrecht (KSzW)
- Leipziger Juristisches Jahrbuch (LJJ)
- Marburg Law Review (MLR)
- Rechtszeitschrift der Universtiät Potsdam (*studere)
- Studentische Zeitschrift für Rechtswissenschaft Heidelberg (StudZR)[54]

JURISTISCHE PRÜFUNGSÄMTER BUNDESWEIT

Baden-Württemberg

Justizministerium Baden-Württemberg
Landesjustizprüfungsamt
Postanschrift: Postfach 10 34 61 70029 Stuttgart
www.justizportal-bw.de
poststelle@jum.bwl.de

54 Quelle: www.jurabiblio.de/p/juristische-fachzeitschriften.html (abgerufen 30. Mai 2013)

Bayern

Landesjustizprüfungsamt bei dem Bayerischen
Staatsministerium der Justiz
Prielmayerstraße 7
80335 München
www .justiz.bayern.de/pruefungsamt
www .justiz.bayern.de/pruefungsamt/ansprechpartner

Berlin und Brandenburg

Gemeinsames Juristisches Prüfungsamt der Länder Brandenburg und Berlin
Salzburger Straße 21–25
10825 Berlin
www.berlin.de/sen/justiz/
poststelle@senjust.verwalt-berlin.de

Brandenburg

s. Berlin und Brandenburg

Bremen

Erste juristische Staatsprüfung:

Justizprüfungsamt beim
Senator für Justiz und Verfassung der
Freien Hansestadt Bremen
Sögestraße 62/64
28195 Bremen
www.oberlandesgericht.bremen.de
office@oberlandesgericht.bremen.de

Zweite juristische Staatsprüfung:

Gemeinsames Prüfungsamt der Länder Freie Hansestadt Bremen, Freie und Hansestadt Hamburg und Schleswig-Holstein für die Große Juristische Staatsprüfung
Johannes-Brahms-Platz 1
20355 Hamburg
justiz.hamburg.de/2-examen/
Poststelle@olg.justiz.hamburg.de

Hamburg

Erste juristische Staatsprüfung:

Landesjustizprüfungsamt bei dem Hanseatischen Oberlandesgericht
Dammtorwall 13
20354 Hamburg
justiz.hamburg.de/1-examen/

Zweite juristische Staatsprüfung:

Gemeinsames Prüfungsamt der Länder Freie Hansestadt Bremen, Freie und Hansestadt Hamburg und Schleswig-Holstein für die Große Juristische Staatsprüfung
Dammtorwall 13
20354 Hamburg
justiz.hamburg.de/2-examen/
Poststelle@olg.justiz.hamburg.de

Hessen

Justizprüfungsamt Hessen
Hessisches Ministerium der Justiz
Luisenstraße 13
65185 Wiesbaden
www.jpa-wiesbaden.justiz.hessen.de/
poststelle@hmdj.hessen.de

Mecklenburg-Vorpommern

Justizministerium Mecklenburg-Vorpommern
Landesjustizprüfungsamt
Puschkinstraße 19–21
19055 Schwerin
www.regierung-mv.de
presse@jm.mv-regierung.de

Niedersachsen

Niedersächsische Justizministerium
Landesjustizprüfungsamt
Eintrachtweg 19
30173 Hannover
www.mj.niedersachsen.de
Poststelle@mj.niedersachsen.de

Nordrhein-Westfalen

Erste juristische Staatsprüfung:

Justizprüfungsamt beim Oberlandesgericht Düsseldorf
Cecilienallee 3
40474 Düsseldorf
www.olg-duesseldorf.nrw.de
justiz-online@olg-duesseldorf.nrw.de

Justizprüfungsamt beim Oberlandesgericht
Heßlerstraße 53
59065 Hamm
www.olg-hamm.nrw.de

Justizprüfungsamt beim Oberlandesgericht Köln
Reichenspergerplatz 1
50670 Köln
www.olg-koeln.nrw.de

Zweite juristische Staatsprüfung:

Landesjustizprüfungsamt in Nordrhein-Westfalen
Martin-Luther-Platz 40
40212 Düsseldorf
www.justiz.nrw.de
justiz-online@jm.nrw .de

Rheinland-Pfalz

Landesprüfungsamt für Juristen bei dem Ministerium der Justiz des Landes Rheinland-Pfalz
Ernst-Ludwig-Straße 3
55116 Mainz
www.lpa.justiz.rlp.de
lpa@min.jm.rlp.de

Saarland

Landesprüfungsamt für Juristen bei dem Ministerium der Justiz
Franz-Josef-Röder-Straße 15
66119 Saarbrücken
www.saarland.de
pruefungsamt@justiz.saarland.de

Sachsen

Landesjustizprüfungsamt beim Sächsischen Staatsministerium der Justiz
Hospitalstraße 7
01097 Dresden
www.justiz.sachsen.de
poststelle@smj.justiz.sachsen.de

Sachsen-Anhalt

Landesjustizprüfungsamt beim Ministerium der Justiz des Landes Sachsen-Anhalt Klewitzstraße 4
39116 Magdeburg
www.sachsen-anhalt.de/LPSA/
poststelle.ljpa@mj.sachsen-anhalt.de

Schleswig-Holstein

Erste juristische Staatsprüfung:

Justizprüfungsamt bei dem Schleswig-Holsteinischen Oberlandesgericht
Gottorfstraße 2
24837 Schleswig
www.schleswig-holstein.de/MJAE/DE/Justiz/
poststelle@jumi.landsh.de

Zweite juristische Staatsprüfung:

Gemeinsames Prüfungsamt der Länder Freie Hansestadt Bremen, Freie und Hansestadt Hamburg und Schleswig-Holstein für die Große Juristische Staatsprüfung
Johannes-Brahms-Platz 1
20355 Hamburg

Thüringen

Justizprüfungsamt beim Thüringer Ministerium für Justiz und Europaangelegenheiten Steigerstrasse 9/10
99096 Erfurt
www.thueringen.de/de/justiz/jpa/
poststelle@tjm.thueringen.de

18
GLOSSAR

A

Akademische Viertelstunde:[55] Die perfekte Entschuldigung, um zu spät zu kommen: »Ich dachte, es fängt c.t. an.« »C.t.« ist die Abkürzung für »cum tempore«, was auf Deutsch »mit Zeit« bedeutet. Vorlesungen, die »c.t.« beginnen, fangen also eine Viertelstunde nach der angegebenen Zeit an. Veranstaltungen, die wirklich pünktlich anfangen, haben das Kürzel »s.t.«, das für »sine tempore«, also »ohne Zeit«, steht.

AStA: Das ist der Allgemeine Studierendenausschuss, der die Interessen der Studenten vertritt. Er wird von Studenten für Studenten organisiert, ist aber nicht auf ein Fach bezogen wie der Fachschaftsrat. Der AStA finanziert sich über die Semesterbeiträge.

Audimax: Eigentlich »Auditorium Maximum«, der größte Hörsaal der Uni. Meist finden darin mehrere Hundert Studenten Platz. Der Sitzbereich ist wie in altgriechischen Amphitheatern ansteigend und bogenförmig angeordnet, so kann der vortragende Professor von jedem Platz aus gehört und gesehen werden.

---

55 Dieses Glossar entstand in Anlehnung an www.zeit.de/studium/hochschule/2012-10/Glossar-Uni-Einstieg (abgerufen 24. Juni 2013)

B

BAföG: Das Bundesausbildungsförderungsgesetz. Es regelt die staatliche Studienfinanzierung, wenn Elternbudget und Kindergeld nicht ausreichen. Als Student bekommst Du bei entsprechenden Voraussetzungen monatlich einen Betrag, dessen Höhe sich nach dem Einkommen Deiner Eltern bemisst. Etwa die Hälfte des Geldes muss nach Studienabschluss zurückgezahlt werden.

Beck-Texte: Das sind die Gesetzestexte für Anfänger, besonders leicht und handlich sind sie perfekt für die ersten drei Jahre im Studium.

Bildungsfonds: Eine der Möglichkeiten zur Studienfinanzierung durch Privatinvestoren oder Hochschulen. Wer sich im Auswahlverfahren als geeignet erweist, bekommt eine monatliche Förderung. Die Rückzahlung inklusive Zinsen erfolgt meist ab Eintritt ins Berufsleben.

Bologna-Prozess: Die politische Verabredung zur Schaffung eines einheitlichen europäischen Hochschulraumes, auf die sich 1999 in der italienischen Stadt Bologna 29 europäische Bildungsminister einigten. Nach amerikanischem Vorbild führten sie das zweistufige Bachelor-Master-System ein.

C

Credit Points: Leistungspunkte, die Bachelor- oder Masterstudenten erhalten. Credit Points sind die Einheit des Bewertungssystems European Credit Transfer System (ECTS)[56], das im Zuge des Bologna-Prozesses eingeführt wurde, um Studienleistungen europaweit vergleichbar zu machen. Im Staatsexamenssystem für Jura kommen sie bislang noch nicht vor.

---

56 Quelle: www.ec.europa.eu/education/lifelong-learning-policy/ects_en.htm (abgerufen 30. Mai 2013)

D

DAAD: Der Deutsche Akademische Austauschdienst. Diese Einrichtung organisiert verschiedene Austauschprogramme mit ausländischen Hochschulen und vergibt Stipendien.

Doktor: Hat in diesem Fall nichts mit Medizin zu tun. Kommt vom lateinischen »docere«, was »lehren, unterrichten« bedeutet. Er ist der höchste akademische Grad und wird durch Anfertigen einer Dissertation als Promotionsstudent errungen.

Dozent: Leitet sich ebenfalls von »docere« ab. Es handelt sich beim Dozenten um einen Lehrer, der aber kein Universitätsprofessor ist. Deine Repetitoren kann man als Dozenten bezeichnen.

E

Examen: → Staatsexamen

Erasmus: Abkürzung für »European Region Action Scheme for the Mobility of University Students«. Ein Programm der Europäischen Kommission, das Studenten die Möglichkeit bietet, für drei bis zwölf Monate im europäischen Ausland an einer der Partneruniversitäten zu studieren.

F

Fachschaftsrat: Fachlich bezogene Interessenvertretung von Studenten. Hier werden Dir Antworten und Tipps rund um Dein Studium geliefert. Außerdem organisiert der Fachschaftsrat Deine Orientierungswoche im ersten Semester und Partys oder Studienreisen.

Fakultät: Alle Studienfächer, die zu einem bestimmten Fachgebiet gehören, sind in einer Fakultät zusammengeschlossen.

Freischuss: Wenn Du Dein Studium in der Regelstudienzeit absolviert hast und dann Dein Examen schreibst, greift die Regelung zum Freischuss, auch Freiversuch genannt. Das heißt, Du darfst Dich verbessern, wenn Deine Note Dir nicht gefällt. Falls Du durchfallen solltest, hast Du noch zwei Versuche, um das Examen zu bestehen.

G

Gesetz: Sammlung von Gesetzestexten, für Juristen unverzichtbar. Siehe auch → ***Beck-Texte***

Grundgesetz: Abgekürzt GG. Unser wichtigstes Gesetz, die Verfassung Deutschlands, die 1949 in Kraft trat.

H

HiWi: Abkürzung für Hilfswissenschaftler. Das sind Studierende, die parallel zu ihrem Studium an einem Lehrstuhl arbeiten. Sie leiten AGs oder bereiten die Präsentationen der Professoren für die Vorlesungen vor und helfen diesen bei der Forschung, etwa durch Recherchetätigkeiten.

I

Institut: An Hochschulen die Untereinrichtung einer → **Fakultät.**

J

Jura: Abgekürzte, aus dem Lateinischen stammende Bezeichnung (»iura« = »Rechte«) für das Studium der Rechtswissenschaften.

K

Klausurenkurs: Ab dem → **Repetitorium** gilt es, auch die wöchentlichen Probeklausuren mitzuschreiben. Klausurenkurse gibt es an Unis und in den privaten Reps. Sie sollen die Examenssituation simulieren und Dir helfen, Deinen Wissensstand zu überprüfen.

Krankenversicherung: Wenn Du nicht privat versichert bis, bleibst Du bis zu Deinem 25. Geburtstag über Deine Eltern familienversichert und musst keine Beiträge zahlen. Danach musst Du Dich entscheiden, bei welcher Krankenkasse Du versichert sein möchtest. Solltest Du dann noch Student sein, ist die Krankengrundversicherung für Dich noch relativ preiswert. Im Referendariat werden Deine Beiträge über das Oberlandes- oder Kammergericht, bei dem Du dann angestellt bist, direkt von Deinem Gehalt abgeführt.

L

Law School: An das amerikanische System der Law School angelehnte nicht staatliche Hochschule. Law Schools bieten ein eher verschultes Lehrsystem in enger Zusammenarbeit mit Firmen und Kanzleien, oft aus dem wirtschaftlichen Bereich, an. Die im Vergleich zu Universitäten hohen Gebühren sind privat zu tragen.

LL. M.: Der Master of Laws. Für viele Juristen mit erstem Staatsexamen ist der LL. M. ein guter zusätzlicher Abschluss, um vertieft in einem bestimmten Wahlfach zu arbeiten, ins Ausland zu gehen und Sprachkenntnisse zu erweitern.

M

Matrikelnummer: Diese mehrstellige Nummer bekommst Du bei der Einschreibung an Deiner Uni und behältst sie bis zur Exmatrikulation. Sie dient der Universität zur Identifikation der Studenten, etwa bei Prüfungen oder Hausarbeiten, wo Du sie angeben musst.

Mensa: Die Kantine Deiner Uni. Der Begriff kommt aus dem Lateinischen und bedeutet eigentlich nur »Tisch«. Es ist die Kurzform von »mensa academia«, was auf Deutsch »Esstisch der Universität« heißt. Hier bekommen Studenten, Professoren und Unimitarbeiter relativ preiswertes Essen. Früher wurde über Mensaessen immer nur gemeckert. Heute vielleicht auch noch, aber die Qualität jedenfalls ist erheblich gestiegen.

Moot Court: Eine fiktive Gerichtsverhandlung unter Studierenden. Es wird ein Gerichtsprozess behandelt, zu dem, ähnlich eines Theaterstückes, Rollen verteilt werden. Jeder muss sich in seine Rolle einarbeiten, etwa als Anwalt die Verhandlung vorbereiten und schließlich vor Gericht argumentieren, als sei der Fall echt.

N

Nachrückverfahren: Hast Du in der ersten Runde zur Vergabe von Studienplätzen an einer Uni noch keinen Platz bekommen, kommst Du automatisch auf die Liste der etwaigen Nachrücker. Sollte jemand den Studienplatz doch nicht annehmen, rückt der nächste Bewerber auf der Liste nach und wird zugelassen.

NC: Der »Numerus clausus« (»geschlossene Anzahl«) beschreibt, welche die Abiturdurchschnittsnote des zuletzt zugelassenen Bewerbers in einem Studienfach war. Der NC ist also abhängig von der Anzahl der Bewerbungen. Der NC bei Jura mit Staatsexamen variiert sehr stark von Universität zu Universität und verändert sich mit jedem Semester. Wenn es für ein Fach in ganz Deutschland mehr Bewerber als Studienplätze gibt, wird ein bundesweiter NC festgelegt. Die Studienplätze in diesen Fächern vergibt die → **Stiftung für Hochschulzulassung.**

O

Öffentliches Recht: Eines der drei Hauptrechtsgebiete in Deinem Studium. Das Öffentliche Recht befasst sich mit dem Verhältnis von Privatrechtssubjekten, wie Du es als ein Bürger bist, zu Trägern der öffentlichen Gewalt. Außerdem umfasst es alles, was die Organisation und Regelung des Staates betrifft.

Orientierungswoche: Die erste Woche im ersten Semester, in der Einführungsveranstaltungen für neue Studenten abgehalten werden. Sie findet meist eine Woche vor Vorlesungsbeginn statt. Dozenten und oftmals Mitglieder des jeweiligen Fachschaftsrates erklären Dir die allgemeinen Spielregeln an der Uni und beantworten Fragen zum Studium. Häufig bietet das Abendprogramm die Möglichkeit, erste Kontakte zu Kommilitonen zu knüpfen.

P

Paragraf: § – Dieses Zeichen steht vor jeder neuen Norm in einem Gesetz. Manche Gesetze, wie etwa das Grundgesetz, haben keine Paragrafen als Nummerierung, sondern Artikel. Möchtest Du auf mehrere Paragrafen verweisen, so wird das Zeichen doppelt verwendet, zum Beispiel §§566 ff. BGB. Das Doppel-§-Zeichen kommt höchstwahrscheinlich vom Lateinischen »signum sectionis«, was »Zeichen des Abschnitts« bedeutet.

Plagiat: Anmaßung fremden geistigen Eigentums durch das Abschreiben von Textstellen in die eigene Arbeit ohne Quellenangabe. »Plagiarius« ist laut Lateinwörterbuch[57] der Menschenräuber.

Privatrecht: → Zivilrecht

Prokrastination: Ein Modewort unter Studenten und Fremdwort für das Aufschieben von Tätigkeiten. Das Wort kommt vom lateinischen Wort »procrastinatio« (»Vertagung«).[58] Jurastudenten sind höchst anfällig für Vertagungen, da es üblicherweise keine Anwesenheitspflicht in den Veranstaltungen gibt.

Q

Quellen: Die Dinger, die Du bei wissenschaftlichen Arbeiten angeben musst, um nicht ein Plagiat anzufertigen. Meist in Form von Fußnoten und als Auflistung im Quellenverzeichnis.

---

57 Quelle: www.albertmartin.de/latein/?q=Plagiarius&con=0 (abgerufen 24. Juni 2013)

58 Quelle: www.albertmartin.de/latein/?q=procrastinatio&con=0 (abgerufen 24. Juni 2013)

R

Referendariat: Der zweijährige Vorbereitungsdienst nach dem ersten und vor dem zweiten Examen, in dem Du als Referendar verschiedene Stationen der Praxis, wie Gericht, Staatsanwaltschaft, Behörde und Kanzlei, durchläufst.

Regelstudienzeit: Für Dein Studium als ausreichend vorgesehener Zeitraum, um alle Leistungen zu erbringen und Dein erstes Staatsexamen absolviert zu haben. Das Jurastudium dauert zwischen acht und zehn Semestern. Das ist wiederum abhängig von Bundesland und Hochschule.

Repetitor: → Repetitorium

Repetitorium: Zur Vorbereitung auf das Examen werden an Universitäten und privaten Einrichtungen Kurse zur gestrafften Wiederholung des gesamten examensrelevanten Stoffs angeboten. Deine Dozenten nennt man dort Repetitoren.

S

Schwerpunktbereich: Zu Deinem Staatsexamen gehört als universitärer Teil der sogenannte Schwerpunktbereich. Du wählst ihn nach Vorliebe und Geschmack und musst dann in dem entsprechenden Fach Klausur, Hausarbeit und mündliche Prüfung absolvieren.

Stiftung für Hochschulzulassung (SfH): Die SfH verteilt Studienplätze zentral für bundesweit zulassungsbeschränkte Studiengänge (**→ NC**). Sie hieß früher mal ZVS.

Staatsexamen: Der Abschluss, der Dich zum Volljuristen macht. Nur mit dem ersten und dem zweiten Staatsexamen kannst Du den Anwalts- oder Richterberuf ausüben. Das erste

Staatsexamen ist nach etwa zehn Semestern zu absolvieren, das zweite im Anschluss an das zweijährige Referendariat.

Stipendien: Finanzielle Unterstützung, die anders als das → **BAföG** nicht zurückgezahlt werden muss. Unter anderem vergeben Hochschulen, Stiftungen oder politische Parteien Stipendien nach gewissen Kriterien. Ausschlaggebend sind hierbei neben Deiner finanziellen Situation Deine akademischen Leistungen, Talente und Dein soziales Engagement.

Strafrecht: Eines der drei Rechtsgebiete, die in Deinem Studium ab dem ersten Semester wichtig sind. Das Strafrecht kommt zum Einsatz, wenn es um die Bestrafung eines Menschen geht, der gegen strafrechtliche Normen verstoßen hat, also ein Vergehen oder ein Verbrechen begangen hat.

Studentenwerk: Das Studentenwerk vergibt Wohnheimplätze, bearbeitet Deinen → **BAföG**-Antrag und betreibt die → **Mensen** Deiner Universität. In Deutschland gibt es 58 Studentenwerke, die zusammen das Deutsche Studentenwerk bilden.

Studienkredit: Bekommst Du weder → **BAföG** noch reicht Dein Nebenjob zur Finanzierung Deines Lebensunterhaltes, kannst Du Dich mithilfe eines Kredits finanzieren. Bei der Auswahl dieser Finanzierungsmöglichkeit ist es geboten, sich vorher gründlich zu informieren, welche Bank die freundlichsten Konditionen – sprich, am wenigsten Zinsen und Zeitdruck – bietet.

Studierendenparlament: Das ist die Vertretung der Studenten einer Uni. Sie wird einmal im Jahr gewählt. Dieses Parlament wählt wiederum den → **AStA.**

T

TOEFL (»Test of English as a Foreign Language«): Ein standardisierter Test, in dem die Kenntnis der englischen Sprache von Nicht-Muttersprachlern überprüft wird. Der Test wird von vielen Universitäten weltweit als Zulassungsvoraussetzung anerkannt. In seiner derzeitigen Form ist er in die Abschnitte Verständnis, Sprechen und selbstständiges Schreiben geteilt. Der Test ist jeweils nur rund zwei Jahre gültig und kostenpflichtig.

U

Übung (für Fortgeschrittene): Lehrveranstaltungen ab dem dritten Semester. Hier geschieht die Vorbereitung für die großen Scheine. Normalerweise sind diese Übungen keine Pflichtveranstaltung, sie sind allerdings sehr wichtig, wenn man die Klausur und die Hausarbeit für den jeweiligen Schein bestehen möchte.

V

Vorlesung: Die 45-minütige, aber meist im Block als neunzigminütig veranstaltete Hauptlehrveranstaltung an den Universitäten. Üblicherweise in einem Hörsaal gehaltener Frontalunterricht ohne Anwesenheitspflicht.

Vorlesungsfreie Zeit: Rund drei Monaten am Ende eines jeden Semesters – quasi Semesterferien –, in der üblicherweise Hausarbeiten geschrieben und Praktika absolviert werden.

Z

Zivilrecht: Eines der drei Hauptrechtsgebiete, das die Beziehungen zwischen rechtlich auf gleicher Ebene stehenden Rechtssubjekten regelt. Wird auch Privatrecht oder Bürgerliches Recht genannt. Das signifikanteste Gesetz für Zivilrecht ist das Bürgerliche Gesetzbuch (BGB).

Zwischenprüfung: Das Grundstudium in Jura. Sie setzt sich zusammen aus Klausuren und Hausarbeiten, die Du während des Semesters ablegen musst, und umfasst die Grundfächer → **Strafrecht,** → **Zivilrecht** und → **Öffentliches Recht** sowie meist einen Sprachkurs und an manchen Unis ein weiteres Grundlagenfach wie Rechtsgeschichte. An manchen Unis werden die Prüfungsnachweise der Zwischenprüfung auch kleine Scheine genannt.

19 QUELLENVERZEICHNIS

LITERATURQUELLEN

Glawe, Robert; Bernau, Henning: **Zur Vorbereitung einer juristischen Dissertation.** In: JuS, 2012, S. 765–768.

Merk, Beate: **Der Bologna-Prozess – die Erste Juristische Staatsprüfung auf dem Prüfstand?** In: Zeitschrift für Rechtspolitik 37, 2004 (8), S. 264–268.

Jeep, Jens: **Bologna: Es kommt darauf an, was man daraus macht! Besser und schneller studieren – mit Bachelor und Staatsexamen.** In: JuS-Magazin 18, 2006.

Pötters, Stephan; Werkmeister, Christoph: **Basiswissen Jura für die mündliche Prüfung.** Berlin, de Gruyter, 2013.

Rolfs, Christoph; Rossi-Wilberg, Sara: **Die Ausbildung im Schwerpunktbereich und die erste Juristische Prüfung an Juristischen Fakultäten in Deutschland.** In: JuS-Magazin 47, 2007, S. 297–307.

Rüthers, Bernd; Stadler, Astrid: **Allgemeiner Teil des Bürgerlichen Rechts.** München, C. H. Beck, 2011.

INTERNETQUELLEN (Stand 24. Juni 2013)

bit.ly/campus_kredite
ec.europa.eu/education/lifelong-learning-programme/erasmus_de.htm
eu.daad.de
karriere.unicum.de
karriere.unicum.de
rsw.beck.de/rsw/upload/JuS/aktuelle_SP-Tabelle.pdf
www.albertmartin.de
www.azur-online.de/top-arbeitgeber
www.bafoeg.bmbf.de
www.berlin.de/sen/justiz/gerichte/kg/bibliothek/hinweise-ref.html
www.bibliotheksportal.de
www.coole-studenten.de/studentenkredit
www.destatis.de/DE/ZahlenFakten/GesellschaftStaat/BildungForschungKultur/Hochschulen/Tabellen/StudierendeErstesFSFaechergruppen.html
www.easywg.de
www.e-fellows.net
www.europaeische-juristenausbildung.de/Themen/anwaltschafttext.htm
www.focus.de/finanzen/news/arbeitsmarkt/kurz-erklaert-was-ist-ein-minijob_aid_807949.html
www.hadiko.de
www.his.de/pdf/pub_fh/fh-201203.pdf
www.hu-berlin.de
www.immobilien-kompass.de
www.immobilienscout24.de
www.immonet.de

www.jura.hhu.de
www.jura.ruhr-uni-bochum.de/studium/mp
www.jura.uni-augsburg.de
www.jura.uni-potsdam.de
www.jura.uni-wuerzburg.de/studium/tutoren_und_mentorenprogramm
www.jurabiblio.de/p/juristische-fachzeitschriften.html
www.juraexamen.info
www.juraforum.de
www.jura-intensiv.de
www.jura-studium.net/allgemein/benotungssystem
www.jurawelt.com
www.jurawiki.de/Richter
www.juristenkoffer.de
www.justiz.bayern.de
www.kanzlei-blaufelder.com/nachthemden-werden-im-bett-getragen-oder/
www.kopra.org
www.law-insider.com
www.law-school.de
www.llm-guide.com
www.llm-programm.de
www.llm-studium.de
www.lto.de
www.lto.de/jura/rechtsreferendariat/verguetung-gehalt/
www.nc-werte.info/studiengang/rechtswissenschaft
www.neue-juristenausbildung.de/dokumente/JuS-Magazin.pdf
www.praktika.de

www.praktikum.info
www.repetitorium-hemmer.de
www.rewi.uni-jena.de
www.stern.de/wirtschaft/immobilien/tipps-fuer-die-wohnungssuche-wie-sie-eine-guenstige-wohnung-finden-1752363.html
www.studentenjobs24.de
www.studentenwerke.de/main/default.asp?id=07100
www.studentenwerke.de/pdf/19SE_Hauptbericht.pdf
www.studentenwerke.de/pdf/Uebersicht_Studiengebuehren_2012.pdf
www.studenten-wg.de
www.studentjob.de
www.studis-online.de
www.stusta.mhn.de
www.uni-goettingen.de
www.uni-potsdam.de/jurmep
www.uni-potsdam.de/studium/ausland/studium/erasmus.html
www.uni-potsdam.de/studium/ausland/studium/finanzierung.html
www.wg-gesucht.de
www.wohnungsmarkt24.de
www.zeit.de/campus/2012/05/kredit-bildungsfond-stipendium/seite-2
www.zeit.de/studium/hochschule/2012-10/Glossar-Uni-Einstieg
www.zimmersucher.de
www.zwischenmiete.de

Wenn Jura doch nichts für Dich ist, dann hat
Eden Books auch noch andere Ideen für Deine Zukunft!

BWL gilt als Mittel zum Zweck: Kaum jemanden interessiert das Fach wirklich, aber jeder freut sich auf hohe Gehälter. Warum BWL das beliebteste Studienfach Deutschlands ist und wie man seine Wahl am Ende nicht bereut, erklärt Benjamin Tillmann.

Benjamin Tillmann
UND IN FÜNF JAHREN MACH ICH RICHTIG KOHLE
Was man wissen muss, bevor man BWL studiert

256 Seiten | Taschenbuch | 12,5 × 19 cm
9,95 € (D) / 10,30 € (A)
ISBN: 978-3-944296-06-7

Weitere Studienratgeber von Eden Books

Lesen eigentlich alle Germanisten drei dicke Schinken pro Woche und geraten auf Lebenszeit beim Thema Kommasetzung in Verzückung? Inga Lüders räumt mit allen gängigen Klischees auf und liefert eine ehrliche Orientierungshilfe für die Studienwahl.

Inga Lüders
UND IN FÜNF JAHREN SCHREIB ICH BUCHKRITIKEN
Was man wissen muss, bevor man Germanistik studiert

192 Seiten | Taschenbuch | 12,5 × 19 cm
9,95 € (D) / 10,30 € (A)

ISBN: 978-3-944296-07-4

Weitere Studienratgeber von Eden Books

Psychologen beobachten, messen, beschreiben und analysieren. Warum die moderne Psychologie ein krasser Gegensatz zu dem in der Gesellschaft weit verbreiteten Bild des Träume deutenden Mannes neben der Couch ist und welche großen und kleinen Wahrheiten jeder angehende Psychologe sonst noch wissen sollte – dieses Buch verrät es.

Fenne große Deters
UND IN FÜNF JAHREN LESE ICH GEDANKEN
Was man wissen muss, bevor man Psychologie studiert

208 Seiten | Taschenbuch | 12,5 × 19 cm
9,95 € (D) / 10,30 € (A)

ISBN: 978-3-944296-14-2

Weitere Studienratgeber von Eden Books

Warum gilt Medizin seit Jahren als eines der attraktivsten Studienfächer, seit wann gehen Deutschland die Ärzte aus und warum hat eigentlich jeder eine Meinung zu diesem Studium? Stets ehrlich und informativ, stellenweise subjektiv klärt dieser Studienführer angehende Ärzte auf.

UND IN FÜNF JAHREN RETTE ICH MENSCHENLEBEN
Was man wissen muss, bevor man Medizin studiert

208 Seiten | Taschenbuch | 12,5 × 19 cm
9,95 € (D) / 10,30 € (A)
ISBN: 978-3-944296-35-7

Weitere Studienratgeber von Eden Books

Über das Studium der Architektur heißt es, es sei der Himmel auf Erden, die Realität im Anschluss leider oft das Gegenteil. Wie man das vermeidet und sich umfassend auf den Einstieg ins Berufsleben vorbereitet, steht in diesem Buch.

UND IN FÜNF JAHREN BAUE ICH WOLKENKRATZER
Was man wissen muss, bevor man Architektur studiert

208 Seiten | Taschenbuch | 12,5 × 19 cm
9,95 € (D) / 10,30 € (A)
ISBN: 978-3-944296-36-4

Impressum

Eden Books
Ein Verlag der Edel Germany GmbH

Neumühlen 17, 22763 Hamburg
www.edenbooks.de | www.facebook.com/EdenBooksBerlin
www.edel.com
1. Auflage 2013

Projektkoordination: Franziska Klün
Lektorat: Susanne Röltgen
Umschlaggestaltung, Layout, Herstellung und Satz:
Bon Bon Büro, Berlin | www.bonbonbuero.de
Druck und Bindung: optimal media GmbH,
Glienholzweg 7, 17207 Röbel/Müritz

Printed in Germany

ISBN 978-3-944296-13-5